Der Autor
Klaus von Wrochem, geboren 1940 in Doppoldiswalde im Erzgebirge, Musikstudium in Köln, u. a. bei Mauricio Kagel und Karl-Heinz Stockhausen. Violinist in Boston, San Diego und Köln, seit ca. 1970 politischer Straßenmusiker. Zahlreiche Schallplattenveröffentlichungen, zuletzt »Klaus der Geiger und die Kölner Straßenmusiker« (1994).

KiWi 412

Klaus der Geiger

Deutschlands bekanntester Straßenmusiker erzählt

Mit einem Vorwort von
Günter Wallraff

Kiepenheuer & Witsch

1. Auflage 1996

© 1996 by Verlag Kiepenheuer & Witsch, Köln
Alle Rechte vorbehalten. Kein Teil des Werkes darf in irgendeiner Form
(durch Fotografie, Mikrofilm oder ein anderes Verfahren) ohne schriftliche
Genehmigung des Verlages reproduziert oder unter Verwendung elektronischer Systeme verarbeitet werden.
Redaktion Andreas Graf, Köln
Umschlaggestaltung Manfred Schulz, Köln
Umschlagfoto Christel Plöthner, Köln
Satz Jung Satzcentrum GmbH, Lahnau
Druck und Bindearbeiten Clausen & Bosse, Leck
ISBN 3-462-02512-0

Inhalt

Vorwort 9

Erzschurke im Erzgebirge 17

Die Entdeckung der Geige 28

Gegen die Philister 34

Über den großen Teich 41

It never rains in California 49

Unheiliger Tabernakel 60

Kleingeld statt Scheingeld 70

Arbeit und Straßenmusik 79

Wir sagen Ja zum SSK 85

Obrigkeiten 93

Liebe, Ehe, Partnerglück 102

Der kurze Sommer der Anarchie 108

Deutschland im Bauwagen 120

Mieterkämpfe 133

Klagemauern 142

Von RAK bis Rock 150

Kotz dich frei, Spaß dabei! 158

Ein Geiger in Japan 167

Antjes Lied 177

Veröffentlichungen 191

Bildnachweis 193

Vorwort

Wo andere politisch Engagierte ihren Protest mittels einer schlichten Unterschrift unter Solidaritätsaufrufe kundtun, da ist Klaus der Geiger mit seiner ganzen Person mittendrin: Ob als Mutmacher beim wilden Ford-Streik, als musikalischer Stimmführer bei der Stollwerck-Besetzung, als Unterstützer entlaufener Heimzöglinge beim SSK oder als singender Schutzpatron der Mahnwache am Dom – immer ist Klaus ein zuverlässiger Spielverderber und stimmgewaltiger Störfaktor im hochentwickelten Polit- und Finanzklüngel dieser Stadt und dieser Republik.
Für Ordnungsämter und andere Obrigkeiten ist er deshalb zur unerwünschten Person geworden. Denn Klaus der Geiger ist eine seltene Ausnahmeerscheinung in unserem öffentlichen Leben, das immer mehr zum reinen Marktplatz des kommerziellen Opportunismus verkommt und jede Widerborstigkeit durch heftige Umarmung zu erdrücken versucht. Klaus ist eine künstlerische, soziale und politische Rarität mit enormer Bedeutung in unserer von Massenkonsum ohne Sinn und Verstand genormten, schönen, neuen Schein-Welt.
Bei alledem ist Klaus der Geiger kein typischer Protestsänger. Dafür ist sein Repertoire zu differenziert, sind seine musikalischen Mittel zu ausgereift, seine Liedtexte zu poetisch und variationsreich. Er kommt von der Neuen Musik eines Cage und Stockhausen her und nutzt deren Experimentierfreude, er hat die besten Eigenschaften eines politischen Achtundsechzigers weiterentwickelt, und darüber hinaus besteht eine offensichtliche Verwandschaft mit der frühen Vagantendichtung – etwa eines Francois Villon –, zu der seine Bauwagenreisen sozusagen eine moderne Variante sind.

Klaus der Geiger ist eine empfindsamer, im Wortsinne zartbesaiteter Musiker, der, um sich Gehör zu verschaffen, zuweilen die Fiedel mit seinem Spezialbogen traktiert wie ein verzweifelter Trommler, auf daß auch die Harthörigen, die die leisen Töne nicht an sich heranlassen wollen, überhaupt etwas mitkriegen. Wenn dann sein Gesang zum Schrei wird und er aus sich herausbrüllt, was ihn bewegt, dann gibt es Verstopfungen in den verschlungenen Konsumdärmen unserer Fußgängerzonen. Weil er die »Fließgeschwindigkeit« der Konsumenten hemmt und am Ende auch deren ungehemmte Kauflust, schicken ihm die anliegenden Geschäftsinhaber immer wieder die Polizei auf den Hals oder auch schon mal gedungene Schläger.

Es ist bewunderswert, wie dieser sich selbst und seinen Ideen von einer gerechteren Welt treugebliebene unverbesserliche Weltverbesserer, der sich zum Sprachrohr der Sorgen und Nöte der Verlierer im Wohlfahrtsstaat gemacht hat, trotzdem immer wieder dranbleibt und nicht aufgibt. Er hat es geschafft, Kritik und Weltschmerz nicht in Menschenverachtung, Arroganz oder Zynismus umschlagen zu lassen. Neben ihm, dem frühen Aussteiger und unbeirrbaren Moralisten mit der Geige, sieht so mancher unserer schnieken und angepaßten Hämemenschen und Absahner einfach nur noch mies und mickrig aus.

Bezeichnend ist die große Aufmerksamkeit und Anerkennung, die Klaus der Geiger in Japan erfuhr. Da er in seiner Heimatstadt Köln und in Deutschland mittlerweile aufgrund seiner Popularität nicht mehr einfach abzutun und zu erledigen ist, versuchen seine Gegner in Politik und Bürokratie ihm die Narrenfreiheit eines »Originals« zuzugestehen, um ihn damit zu verniedlichen und zu entschärfen. Offenbar bedarf es der Distanz eines fernen Kulturkreises, um die Bedeutung und soziale Sprengkraft dieses Künstlers, der Regionalist und Kosmopolit in einer Person ist, entsprechend zu würdigen.

Klaus der Geiger gibt in diesem Buch Einblicke in seine ungewöhnliche Lebensgeschichte, die von Flower-Power-Jahren in Kalifornien über die Kommune-Jahre in der Kölner Südstadt bis zu den politischen Auseinandersetzungen der Gegenwart führen. Dabei wird ein ebenso spannender wie selbstkritischer und ironischer Blick »von unten« auf die Geschichte dieses Landes geworfen.

Wenn in hundert Jahren einmal eine Geschichte Kölns geschrieben werden sollte, dann wird darin auch ein Kapitelchen über den Volkssänger und Aufklärer Klaus der Geiger nicht fehlen. Möglicherweise wird er als einer der letzten, besonders ausgeprägten Vertreter der ausgestorbenen Spezies Individualmensch abgehandelt werden, die nach und nach abgelöst wurde von den DIN-Norm-Menschen. Von seinen Widersachern wird, wenn überhaupt, allenfalls noch in einer Fußnote die Rede sein.

Günter Wallraff

Ich bin

Klaus der Geiger
Klaus
Klausimausi
Nicki
Nick
Nikolaus
Kläuschen
Herr von Wrochem
Ein »Von«
Der lange Labbes
Spajetti
Dä Bröllheini
Der König
Der Schlaumeier
Der Feigling
Der Day & Night-Tripper
Der Bauch- und Rückenschmerzen-Verkrümmte
Der Hasch-Papi und Suffkopp
Der Lover
Der Vater
Der Freund
Der Feind
Der Politikus
Der Musiker.

»Lurens da, Klaus der Geiger!« klingt's oft genug hinter mir her, wo immer ich geh oder steh. Und ich bin natürlich auch eitel genug, das ganz geschmeichelt mitzukriegen und zu akzeptieren, daß ich »et ja och verdeent« habe. Ich bin mittlerweile ein berühmter Mann und nicht nur in Köln bekannt wie ein bunter Hund. Aber Berühmtheit hat ihre Vor- und Nachteile. Einerseits wird das Leben, äußerlich gesehen, angenehmer. Man kriegt vieles selbstverständlich rübergeschoben, wofür man sich normalerweise krummlegen muß. Man ist sozusagen etwas Besseres, mehr wert als der Rest der Welt. Das ist gleichzeitig aber auch der Nachteil der Geschichte; man verinnerlicht auf die Dauer die Rolle des Berühmtseins, die einem von der Gesellschaft – und vom eigenen Egoismus! – dargeboten wird, und der Preis dafür ist – Einsamkeit. Berufskollegen und besonders Lebenspartnerinnen werden im Zusammenhang mit meiner Berühmtheit hauptsächlich in einer dienenden oder Zuträgerfunktion gesehen oder gar nicht. Und ich, als der Berühmte, spiele da mit; meist ohne mir dessen bewußt zu sein oder auch groß etwas dagegen tun zu können. Das Ergebnis ist: Die betreffenden Personen, die sich im Zusammenleben mit mir oft an den Rand gedrängt fühlen, ziehen sich zurück, wenden ihre Liebe oder ihre Freundschaft von mir ab, und ich habe noch Glück, wenn man mir das wenigstens zu verstehen gibt. Denn ich selbst bin manchmal gar nicht mehr fähig, das zu erkennen. Darin besteht derzeit das größte Problem, das ich mit »Klaus dem Geiger« habe. Denn der Mensch ist ein Herdentier. Und Einsamkeit hat auf die Dauer etwas von Todessehnsucht an sich. Aber ich will leben. Im Paradies womöglich. »Das Paradies ist hier«, heißt es in einem meiner Lieder, »und im Paradies sind wir. Doch leider können wir's nicht sehn: der Bulle versperrt uns die Sicht. Und der Bonze, wo auch immer, der klaut uns das Augenlicht.« Bonze und Bulle manifestieren sich aber nicht nur außerhalb unserer Person,

sondern auch in uns. Daran zu rühren, ist sehr schwer und manchmal schmerzhaft.
Jetzt habe ich also ein Buch über mein bisheriges Leben geschrieben. Vergangenes Jahr bin ich Fünfundfünfzig geworden, und da denkt auch ein Mensch, der normalerweise Gegenwart und Zukunft fest im Blick hat, schon mal zurück. Aber wenn mich mein Lektor, Andreas Graf, nicht regelmäßig zum Schreiben animiert hätte, wäre wohl trotzdem nix aus dem Buch geworden. Immer wieder rief er mich an, machte Themenvorschläge, ermutigte mich. Denn es ist nicht einfach, über sich selbst zu schreiben. Man kennt sich ja eigentlich nicht. Man weiß nur um die Reaktionen auf sich und vielleicht auch in sich. Aber auf der Suche nach Wahrhaftigkeit und Objektivität ist man sich selbst doch oft ein schlechter Partner. Also ließ ich mir beim Schreiben helfen, von Freunden, von meiner Familie. Mein Freund Detlef Hartmann, der Anwalt, gab mir zum Beispiel den Rat, frühmorgens zu schreiben, »bevor die ganze Scheiße losgeht«. Der Rat war prima, ich habe das tatsächlich eine Zeitlang so gemacht, aber – nicht durchgehalten. Der Geist ist willig, aber – nicht immer. Besonders wenn man kein Frühaufsteher ist. Und dann sagte er: das Wichtigste wäre der »rote Faden«. Das war natürlich ein großes Wort, gelassen ausgesprochen! Denn was ist der rote Faden im eigenen Leben? Wie soll ich selbst ihn erkennen, so bunt und oft unscheinbar bis unsichtbar, wie er sich mir darstellt – nicht zu reden von der Möglichkeit, daß man sich den Roten Faden hier und da gern nachträglich in seine Lebensgeschichte hineindichtet. Mein Sohn Oliver in Hamburg, den ich bat, einen Teil des Manuskriptes zu lesen, schrieb mir dazu in einem Brief:
»Zu deiner Autobiografie: Ich habe noch mal über einiges nachgedacht und glaube nun etwas besser verstanden zu haben, von was Du Dich freigemacht hast, und daß dieser Schritt ziemlich revolutionär war – für Dich: Standesdünkel,

das Künstler-Elite-Denken etc. Musikalisch ausgedrückt kommt es Dir eben nicht auf die vollendete Interpretation an, sondern auf die Vermittlung – Du siehst Musik und Bildung nicht als Wert an und für sich an. Was ich sehr schön finde, ist, daß Du fast allem etwas Positives abgewinnen kannst und dem, was dir entgegentritt, auch begegnest – auch hier ist Dir Vermittlung wichtiger als Suche nach Ursachen. (Da bin ich sehr anders, vielleicht kämpfe ich gerade um das, wovon Du Dich freizumachen suchtest!?)«
Ich danke allen, die mitgeholfen haben, dafür, daß sie mir einiges klargemacht haben über mich selbst.

Erzschurke im Erzgebirge

Ich wurde geboren 1940, weiß aber nur wenig von meiner frühen Kindheit, obwohl es doch vermutlich das Lebensstadium ist, das einen am stärksten prägt. Wenn ich darüber nachdenke, kommt mir »Wissen« gar nicht mehr so wichtig vor, eher scheint mir »Ahnen« oder »Sinnieren« angemessen.
Mein Geburtsort war Dippoldiswalde, »Dips«, wie's heute noch heißt, am Erzgebirge, südwestlich von Dresden. Ich erinnere mich an ein Haus, ein schönes großes Haus, umgeben von einem wunderschönen Garten, an einem Berghang gelegen, und an einen mürrischen und unangenehmen Hausbesitzer, der immer in diesem Garten zugange war. An Hanna kann ich mich erinnern, das Hausmädchen meiner Mutter, wie wir mit ihr und mit meinen Geschwistern winterabends durch's Fenster schauten, um die Schneeflocken zu beobachten, oder auch die »Christbäume«, die Brandbomben, die über Dresden massenweise abgeworfen wurden. An einen Sonnentag im Garten entsinne ich mich, beim Rote-Johannisbeeren-Pulen (die mag ich heute immer noch gern), oder

auch, in der Nähe der Jauchegrube, wenn Herr Perl, unser Hauswirt, mal wieder seinen Garten düngte und ich den wollüstigen Horrortraum hatte, in die Jauchegrube gefallen zu sein, wobei das große Problem für mich der verzweifelte Versuch war, da wieder rauszukommen. Und an meine Mutter, die, abgesehen von ihren weißen Haaren, in meiner Erinnerung auch nicht anders aussieht als heute, nur gestreßter.
An meine Geschwister kann ich mich so gut wie gar nicht erinnern, vermutlich weil sie für mich so selbstverständlich waren wie Aufstehen und Schlafengehen. Auch an meinen Vater erinnere ich mich überhaupt nicht; ihn habe ich zum ersten Mal bewußt registriert, als er aus dem Krieg zurückkam.
Ich bin, wie man so schön sagt, ein »Kriegskind«, das mittlere von fünf Geschwistern (meine älteste Schwester war Jahrgang '36, mein jüngster Bruder Jahrgang '45), und mein Erinnerungsvermögen fängt im Grunde erst mit Ende des Krieges an. Zwar habe ich noch vage die Bombardierung von Dresden und das Brummen der Flugzeuggeschwader im Ohr. Richtig bewußt wurde mir der Krieg aber erst durch die Flüchtlingsströme, die plötzlich wochenlang auf der Landstraße unterhalb unseres Grundstückes durchzogen, und durch die Männer im abgerissenen Soldatenlook: erst sprachen sie Deutsch und wirkten gehetzt, dann sprachen sie Russisch oder gar nicht und waren »böse« – aber in meiner Erinnerung waren sie auch nicht viel anders als die anderen. Herrn Perls schönes blankgewienertes Auto stand plötzlich nicht mehr im Schuppen, sondern »weit weg« am Waldrand, bis dahin hatten die Russen es wohl geschafft, dann war es ihnen verreckt, oder das Benzin war alle. Goichen, eine Freundin meiner Mutter mit ihren Töchtern, die plötzlich bei uns wohnte; meine Mutter, wie sie total erschöpft, aber das Fahrrad vollgepackt mit Kartoffeln oder auch Mehl und Brot und Äpfeln, von ihren Hamstertouren zurückkam und

von allen (es waren mindestens zehn Personen in unserer Wohnung) sehnsüchtig in Empfang genommen wurde. Mein Bruder fand beim Buddeln und Spielen im Sand einen dicken Packen Geld, damit konnte meine Mutter Lebensmittel beim Bauern oder Bäcker kaufen. Abgesehen davon war sie eine absolute Koryphäe im »Organisieren«. Dann war da der russische Soldat, bei dem wir immer Milch holten, ein freundlicher großer Mann, Kindernarr, und die Brennesselsuppe, die ich heute immer noch gerne esse. In meiner Erinnerung war das also eigentlich eine glückliche Zeit, die Nachkriegszeit, voller Hilfsbereitschaft und Wärme. Das mag komisch klingen, besonders für die Generation meiner Mutter, die ja dafür sorgen mußte, daß immer etwas zu futtern im Haus war.
Ich habe meine ältere Schwester Ursula gebeten, mir aus dieser Zeit ihre Erinnerungen mitzuteilen. Auszüge daraus lasse ich hier folgen:
»September 1939, Pinders Bauernhof bei Dippoldiswalde, ein Gartenmäuerchen aus Ziegeln, zum Durchgucken auf die Landstraße. Ein schier endloser Militärkonvoi ins Osterzgebirge und die Tschechei erweckt die Aufmerksamkeit. Das bedeutet Krieg, sagt unsere Mutter, die mich über die Gartenmauer hievt. Ich bin jetzt drei Jahre. Ein Schulfreund meiner Mutter fährt nachts mit einem Panzerspähwagen vor. Er ist Berufsoffizier geworden und will sich verabschieden. Trotz der späten Stunde präsentiert meine Mutter ihre verschlafenen Kinder. Wir werden bald drei sein, denn Klaus ist in Mutters Bauch. Wir bekommen Lutschbonbons zum Abschied, und Lothar fährt weiter an die Front. Wir sehen ihn nie wieder.
Dippoldiswalde ist eine mittelalterliche Bergwerkssiedlung; nach Silbererz wurde hier gegraben, aber mit wenig Erfolg. Auch die Suche nach Uran in der Neuzeit war nicht viel ergiebiger. Das Haus von Perls, in dem wir wohnten, war umgeben von einem riesigen Garten mit Staketenzaun drum-

herum. Aber Spielen war hier nicht erlaubt. Überall in diesem Gartengelände gab es verbotene Zonen. Oben lag ein kleines dichtes Wäldchen, wo wir nach dem Krieg unser Familiensilber eingruben und kaum wiederfanden.
Die Gegend war ideal für Kinder, hinter dem Haus die Hohlwege in die Felderwirtschaft und in die Wiesen, vor uns die ansteigende Stadt, unter uns Wiesen zum Rodeln und Skifahren im Winter. Der Bahnhof und die Molkerei nicht weit, nur der Weg zur Schule. Bekannte gab es genug, Mutter hatte einen Kreis, der sich jede Woche einmal zum Musizieren traf, und später hatten meine Eltern auch einen literarischen Zirkel. Der Vater arbeitete auf der Burg in der Finanzabteilung. Eigentlich war er ausgebildeter Diplomlandwirt, hatte in Polen die Landreform mit durchgeführt und erlebt, wie danach die Polen enteignet und abtransportiert wurden.
Klaus war ein friedliches, ruhig-nachdenkliches Kind. Zu ruhig, wie ich damals fand. Ich habe ihn oft geärgert, damit er etwas erlebte. Er sitzt auf dem Töpfchen im Schlafzimmer, ein Holzwägelchen vor sich. La-la-la, schiebt er sich von einer Zimmerecke in die andere, quer durch die Stube. Nach zwei Stunden ist immer noch nichts im Töpfchen, la-la-la. Was soll man dazu sagen? Ist ein kräftiger Stoß da nicht angebracht, sozusagen als Denkanstoß?
1946 kommt der Vater aus der russischen Kriegsgefangenschaft zurück, kahlköpfig, grau, abgemagert. Zögerlich berichtet er meiner Mutter von den Zuständen im Schweigelager und den abgesoffenen Kohlebergwerken im Donezgebiet. Unter Tage arbeiteten auch russische Frauen, man hangelte an morschen Holzleitern in die Tiefe. Wehe, wenn ein verhungerter Deutscher unter Tage schlapp machte. Er wurde von den Frauen mit Schaufeln halbtot geschlagen.
Nach dem Krieg zog Mutter mit dem Fahrrad über Land, das Sprüchlein von fünf hungrigen Kindern immer parat. Zum Glück erhielt Vater recht bald eine Anstellung in Dresden bei

der Landesregierung, als Sacharbeiter für die Landwirtschaft. Er war selten zu Hause und oft in Berlin, bei den Russen auf der Kommandantur.
Unsere Kindheit in diesem verschlafenen Städtchen Dippoldiswalde verlief besonnt, aber das Kriegsende ist nicht spurlos an uns vorübergegangen. Russische Doppeldecker-Tiefflieger knatterten im Mai 1945 über die Felder. Meine kulturbeflissene Mutter war bei glühender Hitze mit uns Kindern über Land gezogen, Goethes Reineke Fuchs im Gepäck, Gurke, Apfel und Brot, um in dem abgelegenen Dorf Reinhardsgrimma den berühmten Organisten Collum aus Dresden auf einer Silbermann-Orgel spielen zu hören. Wir waren auf dem Weg, einer staubigen Dorfstraße, da nähert sich ein Tiefflieger und schießt scharf, mehrmals. Glücklicherweise lag ein gefällter Baum im Graben. Wir suchten verängstigt Deckung unterm Gestrüpp und sind knapp mit dem Leben davongekommen. Collum erschien in Uniform. Er war mit einer Fokker eingeflogen und spielte eine Toccata von Bach.
Und da war Goichen mit ihren drei Töchtern, ein Flüchtling aus Ostpreußen. Sie lebt im Obdachlosenzimmer in der Schulsgasse. Goichen ist Pfarrerswitwe und sehr beeindruckend für uns. Mutter freundet sich mit ihr an. Am Wochenende ziehen wir gemeinsam, jeder mit einer großen Kartoffel bewaffnet, über den Berg ins Dorf Reichstätt, wo es einen Landgasthof mit Metzgerei gibt. Vorzügliche Kartoffelsuppe und Gespräche über die Paulus-Briefe und Thomas Manns Dr. Faustus, der gerade erschienen ist.
Klaus ist unterdessen schulpflichtig. Man merkt's. Zum Mittagessen erscheint er nicht. Wo steckt er nur? Aber da stehen jeden Mittag die zwei alten Gäule unten an der Scheune vor ihrem Wagen. Jedes Pferd hat einen Beutel Häcksel vorm Maul. Wie die Pferde von vorne aussehen, das hat Kläuschen begriffen, Ohren und Maul, und hinten der Schwanz. Aber

woran erkennt man Männlein und Weiblein? Man muß drumherumgehen, immer wieder, bis man's erkennt. Darüber ist das Mittagessen vergessen.«

Soweit meine Schwester. An meine Einschulung kann ich mich nicht erinnern, nur an ein düsteres Steingebäude, viele fremde Kinder und irgendwas Besonderes, mir Fremdes. Dieses Gefühl wacht heute manchmal wieder in mir auf, wenn ich alte Schulgebäude und Schulhöfe betrete. Ziemlich genau erinnere ich mich dagegen an die Rückkunft meines Vaters aus russischer Kriegsgefangenschaft, etwa zwei Jahre nach Kriegsende. Da saß plötzlich ein großer, erschöpfter, abgemagerter Mann bei uns vor dem Haus, den ich nicht kannte, und meine Mutter sagte uns, es wäre mein Vater. Er war ziemlich fertig und brauchte eine Weile, um wieder auf den Damm zu kommen: er hat sich buchstäblich gesund geschlafen.
In dieser Zeit sind wir ziemlich oft in den Wald gegangen, zum Pilzesammeln, meine Mutter kennt sich damit sehr gut aus. Während wir Kinder und die Mutter durch das Unterholz stromerten, hielt mein Vater auf einem weichen, sonnigen Plätzchen sein relativ lautes und tiefes Schläfchen ab. So war er dann auch bald wieder fit und stürzte sich gleich ins kommunalpolitische Leben, wo er als Diplomlandwirt bald eine ziemlich hohe Stelle im Landwirtschaftswesen annahm. Erst war er eine Art Kommissar oder Landwirtschaftsberater, später dann höherer Beamter in Dresden. Er scheint mich hin und wieder auf seine Dienstfahrten mitgenommen zu haben: Ich kann mich eines Bauernhofs entsinnen, im Erzgebirge; die Bauersleute mit Sensen unterwegs, die Mähmaschine von zwei schweren Pferden gezogen, das Korn zu Garben gebunden, der Leiterwagen haushoch gepackt und in den Hof gefahren, die Garben nach oben gehievt und in der Scheune durch die Dreschmaschine gejagt, ungeheuer laut und staubig und aufregend. Ich kann mich aber auch an ein ehemals herr-

schaftliches Gut erinnern, wo allein in der Küche schon drei Frauen tätig waren; an meine ersten bewußten Erlebnisse, wenn der Mensch das Tier tötet; an den Hahn ohne Kopf, der eines Tages in der Küche herumflatterte, an drei oder vier kleine Kätzchen, die von der alten Frau, unter deren Obhut ich wohl stand, in den Bach geworfen wurden; an die zuckende, zappelnde Gans, die ich an den Beinen festhalten mußte, damit ihr Blut in den Eimer laufen konnte, nachdem die Alte ihr den Hals durchgeschnitten hatte.

Es gab große Fischteiche mit halb vollgelaufenen Ruderkähnen am Ufer, wo es uns eigentlich verboten war zu spielen, große Vögel im Teich, vermutlich Kraniche oder Fischreiher, und Mohnfelder. Ich erinnere mich an den Geschmack der noch nicht ganz reifen Mohnkörner, die man uns verboten hatte zu essen. Und an Kornblumen, dunkel auch an Gespräche, die meine Eltern zu Hause führten, über die Verhaftung eben jenes Gutsverwalters, auf dessen Gut ich so interessante Zeiten erlebt hatte, auch an Gespräche über Herrn Perl, unseren Hauswirt, der sich innerhalb kürzester Zeit vom kackbraunen Nazi zum knallroten Kommunisten gemausert hatte, ein Erzschurke im kleinbürgerlichen Gewand des Biedermanns, der herumspionierte, woher denn nun das Brennholz kam, das bei uns im Schuppen lag. Aufgrund seiner Aussagen wurde die Jagd auf meinen Vater später eröffnet.

Es ging um die Abholzung des Erzgebirges, der sich mein Vater entgegenstellte. Die Russen wollten das qualitativ hochwertige Holz schlagen, und mein Vater sollte die ganze Sache verantwortlich abzeichnen. Er weigerte sich aber, wegen der zu erwartenden Bodenerosion. Da kamen den SED-Oberen die Aussagen unseres Hauswirts sehr gelegen, der von großen Holzvorräten und anderen Dingen berichtete, die sich mein Vater auf Grund seiner Stellung habe anliefern lassen. Mein Vater mußte untertauchen, und wir, ge-

rade nach Dresden in eine düstere hochherrschaftliche Villa umgezogen, umgeben von einem ebenso düsteren parkähnlichen Garten, folgten ihm ein paar Monate später, mit Handgepäck sozusagen, nach West-Berlin.
Da war ich etwa acht Jahre alt, und es begann eine neue Zeit. Berlin verbindet sich in meiner Erinnerung – und die ist jetzt viel deutlicher als für die Zeit davor – zunächst mit Jakutin und Mitigal, mit einer Entlausungs- und Entkrätzungsstation bei den Amis, in der wir wochenlang behandelt wurden; mit dem Geschmack von Chesterkäse und Eipulver, dem Geschmacksunterschied zwischen Voll- und Magermilchpulver, alles aus Care-Paketen; mit einer engen Wohnung in einer großen Stadt, wo mein Vater oft im Streit mit meiner Mutter lag, weil er arbeitslos und daher meistens zu Hause war. Meinen ersten Geigenunterricht hatte ich bei Fräulein Müller, einer lieben, älteren Geigenlehrerin in einer kleinen Zehlendorfer Villa, wo auch wir in einer Art Beamtensiedlung wohnten. Mein täglicher Schulgang führte durch den Lehrter Park, an dem mich hauptsächlich die »wilden« und »gruseligen« Ecken anzogen.
Dann wieder Flüchtlingsdasein: die Berlin-Blockade 1950/51. Die Russen blockierten alle Zufahrtswege, worauf die Amis Berlin aus der Luft versorgten. In dieser Zeit wurden die Kinder ängstlicher Eltern evakuiert; so kam auch ich mit dreien meiner Geschwister in ein Kinderheim nach Oberhausen-Sterkrade. Mein großer Bruder lag derweil mit offener TBC in einer Lungenheilanstalt in Wangen im Allgäu, meine Mutter befand sich zeitweise in einem Augen-Sanatorium in Lüdenscheid, und mein Vater blieb allein in Berlin, auf der vergeblichen Suche nach Arbeit.
Oberhausen-Sterkrade: Immer wieder erstaunt es mich, wie gerade die Härten des Lebens so nachhaltig im Gedächtnis hängen bleiben. Schon der Abflug aus Berlin-Tempelhof war ein Ereignis: Kindermassen drängeln sich, das Flugzeug ein

Armeetransporter, ein Kohlenklipper, bei dem ich meine Hand während des Fluges aus einem kleinen Bullauge rausstecken konnte (oder sollte mich diese Erinnerung trügen?), Ankunft in Hannover bzw. Düsseldorf, Versorgung mit heißer Milch und Zwieback; dann das Kinderheim, sehr viele Kinder jeden Alters, abgesehen von den Berliner Kindern alles »Schwererziehbare«; der Schlafraum mit -zig Betten und grauen Filzdecken, einem Aufpasser, der darüber wachte, daß auch alle schliefen, der Eßraum laut und ungemütlich. An eine Horror-Mahlzeit kann ich mich erinnern: Es gab Grünen Hering oder ähnliches, und damit kann man Kinder bekanntlich jagen. Als Dreingabe gab es die Androhung, daß, wer es auskotzt, es trotzdem aufessen muß. An die Schule habe ich interessanterweise gute Erinnerungen, das war ein lichter Gegenpol zu unsrem doch recht düsteren Zuhause, auch an diverse Schnitzeljagden und Spaziergänge durch den weitläufigen Wildwuchs zwischen den Abraumhalden. Noch heute stehe ich total auf den Ruhrpott. Der härteste Moment in dieser Zeit war wohl der Tag, als nach etwa einem Jahr alle anderen Berliner Kinder nach Hause fahren durften, wir drei Geschwister aber nicht, weil mein Vater immer noch keine Arbeit gefunden hatte. Das war furchtbar. Erst nach einem weiteren halben Jahr sind wir dann doch wieder in Berlin gelandet, wo es beengter war, denn mittlerweile waren mein älterer Bruder sowie ein Untermieter dazugekommen. Aber wir waren doch sehr froh, wieder zu Hause zu sein.

Berlin hatte uns wieder, mit allem, was für mich dazugehörte: Schule, Elternhaus, Geigenunterricht, und – Liebeskummer! An diese Zeit erinnere ich mich sozusagen mit wollüstig-wehmütiger Wonne, weil ich mich in ein blondes Babydoll, den Star unserer Klasse, verliebt hatte. Sie tanzte klassisches Ballett und ich spielte Händel-Sonaten, und damit hatten wir beide sozusagen einen Ehrenplatz in unserer Klassengemeinschaft inne. Das Problem war nur, daß andere Jungs auch

verliebt in sie waren und ich ausgesprochen schüchtern, so daß sie – Herrje! Ich weiß sogar noch den Namen: Karla hieß sie! – so gut wie gar nicht auf meine Sehnsüchte einging. Als Entschädigung für diese bittersüße Tragödie fand sich jedoch ein anderes, übrigens viel netteres Mädchen, mit der ich einen gemeinsamen Nachhauseweg hatte – und die war nun wiederum verliebt in mich! Tja, so kann's gehn.
Berlin verbindet sich für mich einerseits mit dem Gefühl des Eingesperrtseins, andererseits aber auch mit Wasser, Kiefernwäldern und märkischem Sand. Ich habe noch keine Stadt kennengelernt, die so viele Seen in und um sich beherbergt, und dazu noch so schöne. Wir fuhren fast jedes Wochenende mit den Fahrrädern raus ins Grüne, entweder zum Schwimmen oder zum Pilzesammeln, im Winter sogar zum Skifahren in den Grunewald. Später kriegte ich dann von meinen Eltern einen Klepper-Aerius geschenkt, ein Faltboot, und da war ich fast nur noch auf dem Wannsee und der Havel anzutreffen.

Oktober '94. War für zwei Tage in Berlin, bin gestern abend zurückgekommen. Mit dem Flieger hin und zurück, Deutsche Welle hat's bezahlt. Ein bekloppter Trip, ein Zwischending zwischen Touristentrip und Entdeckungsreise in meine Kindheit. Ich kam an, wo ich mein Lebtag noch nicht gewesen war: in Tegel und Spandau. Obwohl ich doch jahrelang in Berlin gelebt habe. Also vom Flughafen erst mal in den nächstbesten Bus, bis ich an Wasser kam, vermutlich die Spree. Da bin ich dann raus und habe mich erst mal an einer Imbißbude mit Currywurst gestärkt und einen Plan gemacht: eine Bötchentour auf der Havel. Also mit der U-Bahn nach Spandau. Dort angekommen und nur noch gestaunt! Fußgängerzentrum, kleine Gäßchen, alte Fachwerkhäuschen: Ein Dorf im Moloch! Jetzt wurde das Wetter schlecht, neuer Plan: Freunde besuchen. UFA-Zirkus, Juppi, Siggi,

Manni, Charly, Uwe, Bärbel... Also zurück zur U-Bahn und Richtung Tempelhof, einmal unter der Stadt durch. Da entdeckte ich es wieder, das Berliner U- und S-Bahngefühl meiner Kindheit: bedrückend die Luft da unten und die anonyme Atmosphäre, je dichter die Menschenmenge wird. Andererseits auch die offene bis verdeckte Neugier am Mitmenschen, je länger die Fahrt dauert. Und die kann lange dauern, in Berlin! Mehringdamm umgestiegen, Ullsteinstraße ausgestiegen, ins UFA-Gelände rein. Es empfing mich eine ganz neue Welt: ein Großkommune-Dorf mitten in Berlin! Bäume, Wiesen, Grasdächer, Wohn- und Arbeitsräume, Menschen beherbergend, die freundlich und verbindlich miteinander umgingen, sich fast alle untereinander kannten. Nach ein paar Stunden Aufenthalt dann der letzte Akt meines Berlin-Trips: Nach Zehlendorf, »nach Hause«, und zwar mit der S-Bahn. Schöneberg umsteigen und dann Richtung Wannsee: alles ist wie früher. Der Bahnhof Zehlendorf wie vor 40 Jahren! Der Teltower Damm, das Bali-Kino, Radio Hertz im Fürstenhof, das Kopfsteinpflaster hinterm Bahnhof, die alten Villen, die großen Bäume, das dicke bunte Herbstlaub auf den Bürgersteigen, die Villa, wo die Pastorsfamilie uns Kinder eine Zeitlang zum Mittagessen einlud und wo ich mir, trotz des guten und nahrhaften Essens, immer so schäbig vorkam, und wo mir das Beten vor und nach dem Essen so unangenehm war. Und der Mann auch, in seiner barmherzigen Strenge! Alles kam wieder hoch, es war phantastisch. Dann rüber, Richtung Lehrter Park, Prinz Handjery-Straße, die alten Jugendstilkästen in diesen wunderbaren baumreichen Gärten. Ich hielt etwas scheu Ausschau nach der Tanzschule, wo ich mit 15 oder 16 »tanzen lernte«. Dann in die Knesebeckstraße, zum Haus meines Bruders und meiner Schwägerin, mit der sich in meiner Jugendzeit für mich zarte Liebesbande anzubahnen versprachen, bevor es mich dann nach Köln verschlug – Life is beautiful!

Die Entdeckung der Geige

Zu der andauernden Arbeitslosigkeit meines Vaters gesellte sich ein neues Problem: meine Eltern waren anscheinend der Meinung, daß man mit wenig Geld seinen Kindern nicht die richtige körperlich-geistig-seelische Grundlage für's spätere Leben mitgeben könne. Deshalb gingen sie auf das Angebot einer reichen kinderlosen Frau ein, meinen älteren Bruder und mich zu »übernehmen«. Also siedelten wir zwei nach Köln-Marienburg um. Ich war etwa 12, 13 Jahre alt, und es begann nun eine ganz neue Phase meiner gesellschaftlichen Erfahrungen, nämlich die zwar kindlichen, aber darum nicht weniger eindrucksvollen Erfahrungen mit den »Reichen« der fünfziger Jahre. Wichtig und bedeutsam waren für unsere Pflegemutter Maria – abgesehen von ihrer unglücklichen, weil gescheiterten Ehe und ihrer ständigen Suche nach einem neuen Ehemann – der Chauffeur, die Hausmädchen (2 Stück!), die Masseurin (jeden Morgen!), die Rokoko-Boutiquen und überhaupt die gehobenen Einkaufsstätten sowie dito Speiserestaurants. Auf unseren diversen Autotouren kam noch die Qualität der jeweiligen Hotels dazu, hauptsächlich was die Bedienung anbetraf. Seitdem kann ich vornehme Hotels nicht mehr riechen, auch nicht die Servilität und kalte Freundlichkeit, mit der man in diesen Häusern behandelt wird. Sie war eigentlich ein armes Wesen, unsere Pflegemutter, trotz ihres dicken Bankkontos. Ein Leben lang auf der Suche nach Liebe, aber immer mit dem (berechtigten) Mißtrauen, daß man es nur auf ihr Geld abgesehen haben könnte. Dazu dann die Gesellschaft, in der sie sich bewegte: die Gesellschaft der Reichen. Das ist ein dermaßen blöder und stupider Haufen, daß ich ein eigenes Buch darüber schreiben könnte. Dabei war sie selbst ein ganz normaler Mensch, so gut und so schlecht wie ich und du, und sie bemühte sich wirklich, unser Leben und unsere Ausbildung sinnvoll zu gestalten.

Natürlich gingen wir auf's Gymnasium Kreuzgasse, damals noch behelfsmäßig untergebracht in Köln-Bayenthal, und ich bekam einen recht eigentümlichen Nachhilfelehrer sowie eine ganz neue Art von Geigenunterricht verpaßt, nämlich einen preußisch-disziplinierten, bei Fräulein Van Essen. Der brachte mich aber tatsächlich enorm vorwärts und führte dazu, daß ich jetzt erst die Geige wirklich für mich entdeckte. Hin und wieder braucht man so was, scheint's. Dafür wurden aber meine Magenschmerzen immer stärker, trotz der vielen Ausflüge und Ferienfahrten nach nah und fern, und natürlich hatte ich den bestmöglichen Arzt, irgendeinen renommierten Professor, der seine Medikamentenforschung an mir ausprobieren konnte. Selbiger ging nachher nach München. Mülein – so nannten wir unsere Pflegemutter – zog ebenfalls dorthin, und ich wurde auf Anordnung des Professors »bettlägerig«, zuerst in einer Pension am Tegernsee in Rottach-Egern, später dann in seinem Krankenhaus in München. Zwei Medikamente wurden ausprobiert: zuerst Belladonna, dann Robadin. Die einzige Wirkung: meine Augen wurden schlecht. Und die tiefsitzende Erfahrung, daß das Krankenhaus für mich nicht gut ist. Wenigstens haben die zwei dann später geheiratet, Mülein und der Professor.
Die Welt der Reichen ist im Grunde eine erbärmliche Welt, gefühlsarm und phantasielos. Denn sie wird bestimmt durch das Übermaß an Geld, das diese Leute besitzen, und durch das One-Way-System des Mehrwertprinzips. Ich glaube, das Schlimmste, was einem Reichen passieren kann, ist, daß sein Vermögen schrumpft. Den Sinn und Wert seines Lebens findet er hauptsächlich im Geldausgeben und -einnehmen, egal für was. Deswegen ist es in den reichen Ländern und bei den reichen Leuten ja auch so langweilig, denn außer Konsumieren und den dazugehörigen Kauf- und Verkaufsritualen fällt ihnen nix mehr ein. Das ist gefährlich für Menschen und Mutter Erde, denn die Reichen haben die Macht, und die be-

nutzen sie, wo immer es geht – für ihren Mehrwert. Dafür setzen sie alle ihre Fähigkeiten ein, ihre Schlauheit, ihre Phantasie, die sie ja genauso besitzen wie alle anderen Menschen. Die Physiognomie eines Reichen ist mit der Comic-Figur Dagobert Duck ziemlich gut getroffen: Besitzt ein riesenhaftes Auto mit Chauffeur, ist aber geizig bis zum Geht-nicht-mehr; ein unentwegter Absahner, der trotzdem bestimmen kann, wo's langgeht.

Meine Eltern konnten es auf die Dauer wohl doch nicht so leicht verkraften, meinen Bruder und mich einfach »weggegeben« zu haben. Also kreuzte mein Vater eines Tages in einem dieser vornehmen Hotels – ich glaube, es war in Lindau am Bodensee – auf, um uns zu besuchen. Erst nach einer lautstarken Auseinandersetzung wurde er vom Hotelpersonal reingelassen. Er hat nie viel Wert auf ein adrettes Äußeres gelegt, sein Anzug und sein Hut – wenn er überhaupt einen aufzog – waren grundsätzlich zerknautscht, was übrigens auch ein Thema ständigen Ärgernisses zwischen meinen Eltern war. Und es war wohl auch mein Vater, der darauf drang, uns so bald wie möglich in den Schoß der leiblichen Familie zurückzuholen, egal wie die finanzielle Lage sich in Zukunft gestalten würde. Dieser plötzliche Lageumschwung war natürlich ein Schock für Mülein, und Vaters »Rücksichtslosigkeit« in dieser Sache hat sie ihm immer nachgetragen. Das hat ihm aber gottlob nix ausgemacht. Trotzdem hat sie auch weiter für uns gesorgt, hat zum Beispiel den Instrumentalunterricht sowie später, zumindest anfangs, das Musikstudium finanziert.

Also nach anderthalb Jahren wieder nach Berlin. Schulstreß war angesagt: Einerseits pflegte ich den berüchtigten gymnasialen Vormittags-Dämmerschlaf (immer zu spät gekommen!), andererseits die Angst vor dem Versagen, dem Verhauen von Arbeiten, vor blauen Briefen. Äußerlich war ich ein geduldiger, freundlicher Mensch, innerlich aber von Ma-

genschmerzen und Pickeln am Arsch gepeinigt – ich kann nicht lange auf harten Stühlen sitzen. Nur hin und wieder gab es mal einen guten Lehrer, auf den ich dann allerdings auch abgefahren bin. Zum Beispiel Herrn Schröter, ein Deutschlehrer. Er war relativ streng, sehr sachlich, lachte nie, war aber gerecht. Er kam eines Tages mit dem berühmten Pamphlet von Albert Schweitzer gegen die Atombombentests an und brachte es fertig, daß sich die ganze Klasse monatelang enthusiastisch mit der Auf- und Ausarbeitung dieses Themas befaßte, durch Quellenstudium und mit der Vorbereitung von Vorträgen (ich hatte das Spezialgebiet der Alpha-Beta-Gamma-Strahlen übernommen), und er setzte es in der Lehrerkonferenz durch, daß die ganze Schule sich eines Morgens in der Aula zu versammeln hatte, um sich unsere Vorträge anzuhören. Aber wir wurden von seinen Lehrer-Kollegen gnadenlos zerrissen und zerpflückt: Sie wollten ihm und uns eins auswischen, indem sie als Lehrer uns Schülern und besonders mir nachwiesen, wie unwissenschaftlich und unprofessionell unsere Vorträge seien, daß die amerikanischen und russischen Atombombenbauer die Risiken korrekt einkalkuliert hätten, daß von jeder Armbanduhr mehr radioaktive Verseuchung ausginge als von den A-Bombentests, und daß wir doch lieber lateinische Vokabeln büffeln sollten als unreifes Revolutionsgestammel zu verfassen. Da saßen wir dann mit hochroten Köpfen, der röteste natürlich der unseres geliebten Lehrers, der diese Blamage nicht überwinden konnte. Er hat sich bald an eine andere Schule versetzen lassen. Dieser Lehrer war der einzige Lichtblick meiner Schulzeit. Und natürlich die meist erfolgreiche Darbietung meiner geigerischen Qualitäten.
Denn mittlerweile konnte ich schon recht gut Geige spielen, war »der Beste« auf diesem Gebiet, und das benutzte ich natürlich auch, um mich in der Gemeinschaft in ein möglichst gutes Licht zu rücken. Das Geigelernen ist ja erwiese-

nermaßen eine ziemlich vertrackte Angelegenheit: der verdrehte linke Arm, das Vibrato, die Intonation, die Quietscherei – eines katastrophaler als das andere. Meine erste Lehrerin, derer ich mich entsinnen kann, war das liebe Fräulein Müller, schon etwas älter, Berlinerin, humorig, konnte auch ganz gut Geige spielen, sie war also in der Lage, mir tatsächlich etwas vorzuspielen. Sie saß jedoch während des Unterrichts meist am Klavier und versuchte sich holperdistolper an der Klavierbegleitung etwa einer Händel-Sonate, die ich zu spielen hatte. Immerhin lernte ich bei ihr, einigermaßen sauber zu spielen – beim »einigermaßen« habe ich's dann mein Leben lang belassen – sowie das Vibrato. Die nächste Lehrerin war das bereits erwähnte Fräulein Van Essen in Köln, und die ging nun ganz anders an die Sache heran: sie spielte nie, weder Geige noch Klavier, sondern redete und schimpfte nur und schrieb: Markante Worte in die Noten sowie in mein bald sehr umfangreiches Aufgaben- und Merkbuch. Aber wie gesagt: Bei ihr lernte ich relativ viel, vermutlich weil sie vieles mit dem Verstand vermittelte. Danach kam ziemlich das genaue Gegenteil auf mich zu: Fräulein Körner, eine weißhaarige, kleine, wortkarg-steife, körperlose Dame, die selbst nicht spielen konnte und nur am Klavier saß – das sie aber auch nicht spielen konnte! – die aber immerhin, und das ist nicht zu verachten, eine ehrfurchtgebietende Ausstrahlung hatte. Dann endlich, als ich die Schule schon fast hinter mir hatte, kam ein Geiger, der mich als Schüler akzeptierte, ein Professor Willi Kirch, Stimmführer beim Radio-Symphonie-Orchester Berlin, und der brachte eine absolute Neuerung: Er spielte nämlich wirklich Geige! Er spielte mir alles vor, und ich mußte es genauso nachspielen, Takt für Takt, knochenhartes Training. Ich fand's toll und habe, was meine geigentechnischen Fähigkeiten anging, einen mordsmäßigen Sprung gemacht. Aber der eigentliche Motor meiner Geigerei war meine Mutter, denn sie achtete darauf, daß ich am Anfang, egal ob draußen gutes oder schlechtes Wetter war, täglich übte. Wenigstens bis zu meinem 15. Lebensjahr.

Mein musikalisches Schlüsselerlebnis verschaffte mir ein Musiklehrer, Herr Neugebauer. Er kam eines Tages, ich war etwa 16 Jahre alt, auf die glorreiche Idee, zusammen mit mir und einer Cellistin das Dumky-Trio von Dvořak zu erarbeiten. Da hat's mich dann so richtig erwischt: die Faszination des ekstatischen Eintauchens in die »Klassik«. Zumal wir bei dem anstehenden Schulkonzert einen mordsmäßigen Erfolg mit unserem Trio hatten. Und Erfolg, das is' ja 'ne Droge, und was für eine!

Um diese Zeit erwachte auch ein anderes starkes Gefühl: die Sehnsucht nach Mädchen. Nun war ich zwar nicht gerade eine optische Glanznummer, ich war lang, dünn und krumm (war ich schon immer), außerdem unsportlich und schüchtern, aber gerade die letztere Eigenschaft hat mich vielleicht in eine günstige Ausgangsposition gebracht. Jedenfalls wurde ich gerne zu den damals üblichen Tanz-Parties eingeladen, die hauptsächlich die Mädchen unseres Alters in ihren Elternhäusern arrangierten, sofern sie sich das leisten konnten. Da ging es dann ums Tanzen und um ein scheues Schmusen, wenigstens was mich anbetraf, aber ich war offen für die Liebe wie die Blumen im Frühling. Bald hatte mich auch eine ausgeguckt und angemacht – die Scheuen und Schüchternen machen nicht an, sie lassen sich anmachen –, und so hatte ich dann eine feste Freundin, mit der ich zusammen die Wunder und Wonnen der Liebe entdeckte. Sie war ein kleines, zierliches Mädchen, Haare bis zum Po, eine Klasse unter mir, lachte gern, spielte auch Geige, hieß Rotraud, wohnte mit ihrer Mutter und zwei Brüdern – einem älteren und einem jüngeren – in einer kleinen, bescheidenen Wohnung in Berlin-Lichterfelde, glaube ich. Mit ihr war ich bis zum Ende meiner Schulzeit zusammen. Wir trafen uns bei ihr zu Hause, sie hatte ein eigenes Zimmer, später dann bei mir zu Hause – ich kriegte auch ein eigenes Zimmer, eine sturmfreie Bude unterm Dach – oder auf dem Wannsee, in meinem Segelboot, dem Klepper-Aerius, zu dem ich mir ein Segel genäht hatte, im Abendrot, wo wir auch mal, gerade voll in Aktion, gekentert sind – ein Liebesabenteuer mit ganz spezifischem Reiz.

Die letzten Jahre auf der Schule waren im Rückblick eigentlich die besten. Ich hatte keine großen Probleme mehr, das heißt, ich hatte den Einstieg in die »geistige Arbeit« geschafft, Wissensaneignung machte mir sogar Spaß. Ich war wohlgelitten bei Jung und Alt, kam mit meiner Geigerei gut an, hatte eine süße Freundin, und wir hatten wahrhaftig etwas zu entdecken: Ich war im Lot.

Gegen die Philister

Nach dem Abitur wußte ich, wie so viele andere, natürlich auch nicht, was ich machen sollte, und so entschied ich mich dafür, das zu studieren, was ich am besten konnte, nämlich Geige. In Köln gab es einen sehr renommierten Geigen-Guru, Max Rostal, da wollte ich hin. Das war nicht so einfach, aber mit Müleins Hilfe – sie bezahlte mir die privaten Sommerkurse bei dieser Koryphäe in St. Wolfgang und im Hotel Kurten Kulm bei Bern – wurde ich in seine Assistenten-Klasse aufgenommen.

Jetzt war ich also Student, dazu noch auf mich selbst angewiesen, d. h. ich mußte zum ersten Mal in meinem Leben für alles selber sorgen: für Wohnung, Essen, Geldeinteilung, Freundes- und Bekanntenkreis. Auch 1960 war es schon nicht so einfach, eine Wohnung bzw. ein Zimmer zu kriegen, besonders für Musikstudenten. Studentenheime hatten meistens Wartelisten, und Wohnungen oder Zimmer kosteten

bis zu einer doppelten Monatsmiete Abstand. Aber, wie schon gesagt, Mülein zahlte anfangs, und so hatte ich bald mein erstes Appartement, Neubau, für teuer Geld, ging in den Kaufhof und kaufte Stuhl, Sessel, Tisch, Lampen, Bett, Kochplatte, Topf, Pfanne, Teller, Tasse, Messer und Gabel. All dieses Zeug schleppte ich dann während meiner vierjährigen Studienzeit durch fünf verschiedene Wohnungen. Denn nach zwei Monaten flog ich erst mal wieder raus aus meinem schönen Neubau: Ich hatte den Schlüssel vergessen, kam aber nicht auf den Gedanken, mir vom Schlüsseldienst einfach die Tür öffnen zu lassen, sondern versuchte statt dessen, durch eine Art Lüftungsklappe vom Dach her in die Wohnung zu kommen, und brach dabei durch die Decke ein. Da hat der Hausbesitzer mich rausgeworfen, und ich, grün wie ich war, habe mir das auch noch gefallen lassen.
Also zog ich in das ehemalige Evangelische Studentenheim an der Weyerstraße. Das war eine Holzbaracke, die in Bälde abgerissen werden sollte, aber es wohnten noch zwei Studenten drin, ein Mediziner und ein Wirtschaftswissenschaftler, und dann eben ich. Das war mit Abstand die beste Bude, die ich je gehabt habe, aber, wie gesagt, irgendwann war es zu Ende, und ich zog um nach Ehrenfeld, zu »Barons«, er war Vorsitzender des Kölner Adelsvereins. Dort machte ich mich aber auch unbeliebt, denn die Guten hatten etwas dagegen, daß meine Freundin manchmal bei mir übernachtete.
Apropos der Adel. Als ich kürzlich in meiner Eigenschaft als Straßenmusiker und Improvisateur nach Japan eingeladen wurde, brauchte ich dazu natürlich ein Flugticket, das einem normalerweise nach Bestellung und Zahlung zugeschickt wird. Das Ticket war aber noch nicht da, und in einer Woche sollte es losgehen. Also wurden meine japanischen Gastgeber und ich langsam nervös und fragten bei der Fluggesellschaft nach. Da stellte sich heraus, daß das »von« in meinem Namen bei meinen Angaben gefehlt hatte, während es in

meinem Ausweis aber Schwarz auf Weiß stand. Diese Unstimmigkeit hat mich einmal mehr daran erinnert, daß so ein »von«, also ein Adelstitel, von der Gesellschaft doch offenbar als ziemlich bedeutsam eingeschätzt wird. Die allgemeine Reaktion auf das »von« ist sehr unterschiedlich. Für mich selbst hat es in der Gegenwart keine Bedeutung. Wenn ich es dagegen im Familienzusammenhang meiner Kindheit betrachte, dann war es wohl schon ein bewußt getragenes Adelsprädikat, das uns vor den anderen hervorheben sollte. Und wenn ich heute das erstaunte Aufblicken derjenigen sehe, die meinen vollen Namen zum ersten Mal erfahren, dann treibt's mich schon des öfteren unwillkürlich dazu, mir daraus einen Vorteil zu verschaffen. Aber eines ist mir trotzdem klar: Alle diese Reaktionen beruhen auf Vorurteilen, die entweder positiv oder auch negativ gepolt sein können. Das ist alles.

Ich bezog dann jedenfalls ein Zimmer im gerade fertiggestellten Studentenheim der Musikhochschule in Klettenberg. Schließlich kam eine Zeit, in der ich mit meinem Lehrer, meinen Kommilitonen und mit mir haderte, und ich zog aufs Land, nach Sürth, zu Studienrats. Das war, soweit ich mich entsinnen kann, meine letzte Bude. Danach brach ich meine Studienzeit ab.
Jetzt war ich also Musikstudent – und beileibe nicht mehr, wie noch auf der Schule, die Nummer eins in Sachen Musik, sondern ich rangierte schwer unter »ferner liefen«. Meine Geigenlehrerin, die Assistentin von Max Rostal, entsprach in etwa den Geigenlehrerinnen, die ich bereits als Kind und Jugendlicher genossen hatte, mit dem entscheidenden Unterschied, daß sie Hochschulcharisma hatte bzw. Arroganz ausstrahlte. Jetzt wurde ich also auf Rostal-Technik umgestellt und hatte hauptsächlich seine »fünf Urbewegungen« (für die rechte Hand) sowie Fleschs Tonleiter- und Skalensystem

1964

(linke Hand) zu üben. Das war natürlich nach meiner Einschätzung tief unter meiner Würde. Andererseits mußte ich mir eingestehen, daß meine Kollegen in Rostals Meisterklasse, verglichen mit mir, um ein Vielfaches besser Geige spielen konnten. Und ehrgeizig war ich schon, waren wir alle; darauf baute sich im Grunde genommen der ganze Lernprozeß in Rostals Meisterklasse auf: Ehrgeiz, Konkurrenz zwischen den Schülern, gekoppelt mit der Angst, dem Leistungsniveau der Klasse nicht (mehr) zu entsprechen. Ein ziemlich teuflischer Antriebsmechanismus. Solange man bei seiner Assistentin war, erstreckte sich dieser Mechanismus ja noch eher auf die Sehnsucht, endlich in die »Meisterklasse« hinein zu kommen, aber als ich dann drin war, wurde es schlimm. Besonders weil ich, wie in der Schule, ein ausgesprochen schlechter Schüler war, schlecht vorbereitet, mit undiszipliniertem, stark individualistisch ausgeprägten Übe-Verhalten. Da hatte er schon sehr dran zu knacken, der arme Super-Professor. Und wenn nicht meine Pflegemutter mit ihrem vielen Geld gewesen wäre, dann hätte er mich bestimmt bald wieder rausgeschmissen (»Das entspricht nicht dem Niveau meiner Klasse«). Aber so war ich nach zweijähriger Wartezeit endlich Meisterschüler, d. h. ich brauchte auch nicht groß etwas anderes zu machen als das Pensum zu üben, das mein Meister mir alle vierzehn Tage für jeweils zweimal fünfzig Minuten Unterricht abverlangte. Alles andere, beispielsweise Klavier, Musikgeschichte, Gehörbildung oder Theorie, wurde von uns Meisterschülern gar nicht ernst genommen, und man ließ uns auch ziemlich in Ruhe damit. Dafür übten wir aber sechs Stunden täglich.
Mein neuer Freundeskreis stammte natürlich ebenfalls aus dieser Ecke, aus dem Kreis der Nicht-Cracks innerhalb der Cracks, und Christl, eine von ihnen, wurde irgendwann meine Freundin und Geliebte. Abgesehen von unseren musikstudentischen Verpflichtungen tagsüber sowie den Din-

gen, die Liebespärchen nachts zuweilen treiben, gingen wir relativ oft tanzen, meist zusammen mit unserer Clique, und zwar ins »Tabu« am Ring und im Sommer in den Tanzbrunnen, weil es da immer Life-Bands gab, und weil es relativ billig war, wenn man mit einem Glas Bier pro Abend auskommen konnte.

Im übrigen ging es auf der Musikhochschule ungeheuer unpolitisch zu, zumindest in den Instrumental-Klassen. Wir übten und übten und sonst gar nichts. An eine Sache meine ich mich aber trotzdem erinnern zu können: Das muß '63 oder '64 gewesen sein, die Zeit, als ich langsam aus meinem unpolitischen Dornröschenschlaf erwachte. Ich hatte zusätzlich musikalische und theoretische Akustik an der Universität belegt. Dort waren die Studenten schon aufgeweckter, sie machten eine Demo gegen die anstehenden KVB-Fahrpreiserhöhungen. Und ich machte mit. Schon damals galt für Demo-Züge, daß sie der heiligen Kuh Kölns, dem Fußgänger- und Einkaufszentrum Schildergasse/Hohe Straße, nicht zu nahe kommen sollten. Wir waren der heiligen Kuh aber doch recht nahe gekommen, nämlich über den Wallraffplatz, und es flogen irgendwelche Steine gegen irgendwelche Bankgebäude und den WDR, und auf der Richartz-Straße ging die Polizei in die vollen. Jede Menge Zivil-Bullen, die in der Demo mitgingen, nahmen, als der Tanz eröffnet wurde, Demonstranten fest. Genau so einer hatte mich auch am Schlafittchen, und zwar von hinten, das weiß ich noch. Denn ich drückte ihn ganz liebevoll gegen ein Schaufenster, und das begann gefährlich zu knacken. Schneller als dieser Bursche hat mich auch später kein Polizist mehr losgelassen und ist abgehauen! Das war mein erster Kontakt mit feindlichen Polizeikräften. Harmlos, aber prägend.

Nach drei bis vier Jahren Kölner Musikhochschule fragte ich mich immer dringlicher, was diese Art Studium nun eigentlich sollte. Ein berechtigter Drang zur Selbständigkeit machte sich geltend. Ich wollte auch mich selbst mal ausleuchten, nicht nur immer meine Professoren. Ich besuchte schon mal »artfremde« Vorlesungen an der Universität, ich begann zu komponieren und las plötzlich sehr viel, hauptsächlich Philosophie, aber auch beispielsweise Sachliteratur, über die Geigentechnik großer Virtuosen sowie, anhand von Anatomiebüchern, über Körpertechnik. Mein Bruder Johann-Gottlob, der Pianist war und in Detmold studierte, brachte uns ein Buch, das in unserer Clique der absolute Hit wurde: Hans Kosnick, »Die Innervation der Rechten und Linken Hand« oder so ähnlich. Der Bruch mit meinem Super-Professor war damit vorgegeben. Zumal mir immer klarer wurde, daß ich die klasse Technik der Besten in seiner Klasse nicht erreichen würde und seine Tour – sprich seine rigorose Pädagogik – bei mir mehr oder weniger nutzlos war. Ich verabschiedete mich also von ihm – und zwar mit einem dicken Paukenschlag (anders hätte ich den Mut und die Kraft dazu nicht gefunden), indem ich ein sechzehn Schreibmaschinenseiten langes Pamphlet verfaßte – mit dem Titel »Über die Kunsterziehung und gegen die Philister« –, worin ich besonders gegen die unpersönliche Methode meines Lehrers Rostal zu Felde zog. Dieses Pamphlet verteilte ich in der Mensa, wurde drei Tage später vor's hohe Gericht meiner Professoren geladen und nach einer ebenso ratlosen wie wütenden Befragung ihrerseits der Hochschule verwiesen. Das war ein paar Tage vor meiner Abschlußprüfung! Böse Zungen behaupteten, diese sei der eigentliche Grund meiner Revolte gewesen, nämlich dadurch der Prüfung entgehen zu wollen – sie hatten vermutlich recht. Wie böse Zungen immer irgendwie recht haben.

Über den großen Teich

Jetzt war ich, was ich wirklich sein wollte, was ich mir selbst erarbeitet hatte und was gesellschaftlich registriert wurde, sogar mit Rausschmiß: Ich war frei, und das war ein wunderbares Gefühl. Ich hatte erst mal beste Laune, wie man sich eben nach einem Befreiungsschlag fühlt. Natürlich war ich nicht wirklich frei, das ist klar. Zum Beispiel war ich nicht frei von dem Ehrgeiz, ein brillanter und berühmter Geiger sein zu wollen, noch dazu voll auf der klassischen Schiene. Deshalb suchte ich sofort sowohl nach neuen Lehrern als auch nach – möglichst solistischen – Auftrittsmöglichkeiten, zumal einer meiner wichtigsten Kritikpunkte an der Musikhochschulausbildung das fast vollständige Fehlen einer praktischen Berufsausübung oder eines darauf ausgerichteten Trainings gewesen war. Aber das haben Schulen wohl so an sich, daß sie relativ wenig mit dem späteren Berufsleben zu tun haben. Immerhin hatte ich ein riesiges Repertoire und konnte einen renommierten Lehrer nachweisen. Damit ging ich jetzt bei Kulturkreisen und Orchesterdirigenten hausieren. Was die Lehrer anbetrifft, so fand ich einen – sagen wir mal: Masseur – nämlich Professor Zitzmann, der in meinen Muskeln und Sehnen rumwühlte, und siehe da: Vibrato und Staccato klappten. Und ich fand auch einen zweiten, den Cellisten George Neikrug, einen Galamian-Schüler, der fabelhafte Übungen mit ganz ähnlichem Effekt draufhatte: es klappte technisch einfach alles viel besser.

Auch in anderer Hinsicht war es mit meiner Freiheit nicht weit her. Christl war schwanger und wir hatten zu heiraten, Mülein zahlte nicht mehr und wir hatten Geld zu verdienen. Letzteres war halb so wild, denn Christl war gut trainiert. Sie mußte schon während ihrer Studienzeit ihr eigenes Geld verdienen und sparsam damit umgehen. Außerdem war sie Geigenlehrerin beim Jugend- und Schulmusikwerk, und auch

Aushilfsjobs in Sinfonie-Orchestern und bei Kirchenkonzerten gab es damals genug. Hin und wieder sprang auch mal eine Statistenrolle beim Fernsehen raus.
Schlimmer gestaltete sich mein Ausflug in die Solokarrierewelt der »kulturtragenden Schicht«. Jedes Konzert bereitete mir unsägliche Angst und Magenschmerzen, und es ist erstaunlich, wie lange ich diese Tortur aushielt.
Nach knapp einem Jahr hatte ich's aber hinter mir und näherte mich einer anderen Sparte: der Neuen (= modernen) Musik. Ich belegte Kurse bei Karl-Heinz Stockhausen, knüpfte Verbindungen mit Mauricio Kagel und anderen modernen Komponisten und komponierte selber. Stockhausen war der große Zampano der neuen Musik, vermutlich weil er provokativ war. Nicht nur als Leiter des höchst experimentierfreudigen Elektronischen Studios des WDR, sondern auch als Organisator von Dada-Veranstaltungen, in denen Konzertflügel zerschlagen und zerhackt (Nam June Paik) oder Plakatwände zerrissen wurden (Wolf Vostell). Durch so etwas ließ sich die Öffentlichkeit gern aus dem Häuschen bringen. Stockhausen gab aber auch Komponistenkurse, zu denen jeder Interessierte hingehen konnte. Da analysierte er seine Kompositionen auf eine ganz sachliche, oft mathematische Art und Weise, die aber auch für jemand in der seriellen Musik nicht so Bewandertes faszinierend verständlich war. Ich besuchte einen Kurs bei ihm in der Rheinischen Musikschule, und das Ergebnis war, daß ich die Neue Musik absolut nicht mehr so unverständlich, abstrakt und sinnlos empfand wie vor dem Besuch seines Kurses. Allerdings habe ich's nie weit gebracht in Zwölfton- oder Serieller Kompositionstechnik: ich mag die Rechnerei und Planung nicht, die nötig ist, bevor man da überhaupt anfängt, die Musik zu schreiben. Mauricio Kagel mit seiner Emotionalität lag mir viel mehr. Ich habe ihn damals in einem WDR-Konzert erlebt, wie er sein Stück »Pandoras Box« zelebrierte. Besonders der Schluß

hat mich tief berührt, als er nämlich, auf einem Stuhl sitzend, sein Bandoneon auf der linken Seite losgelassen hat, so daß der Balg sich soweit nach unten auszog, bis er fast den Boden berührte. Das dauerte eine Ewigkeit, der Ton wurde immer leiser, hörte sozusagen nie auf, und dazu kam noch, daß er rechts das Instrument und damit auch den Ton auf eine Art und Weise zum Zittern brachte, daß man seelisch zutiefst aufgewühlt war. Ich habe die Partitur von »Pandoras Box« nie gesehen, aber ich würde dieses Stück dennoch zu gern einmal aufführen, nur aus der Erinnerung an dieses wunderbare Konzerterlebnis heraus.

Ich war solchermaßen jedenfalls gut vorbereitet für den nächsten entscheidenden Job, der mir übrigens von Kagel vermittelt wurde: Als Geiger und Komponist bei den »Creative Associates« im Städtchen Buffalo im Staate New York. Dieser Job war auf ein Jahr befristet, deshalb ging ich erst mal alleine rüber und ließ Frau und Kind – unsere Tochter Antje war schon da – in einer kleinen Neubauwohnung in Köln-Deutz zurück.

Mein Leben wäre ohne diesen schließlich insgesamt fünf Jahre dauernden Ausflug nach Ami-Land ganz bestimmt anders verlaufen, davon bin ich überzeugt. Dort war ich ein Fremder, und das hat auch Vorteile; man ist frei von der Vergangenheit des Gastlandes, und in gewisser Hinsicht auch von seiner eigenen, und damit aufnahmebereiter für alles Neue. Ich war auf mich allein gestellt, nun aber nicht als Student, sondern als bei der Universität angestellter Musiker (ich bekam sechseinhalbtausend Dollar pro Jahr), und Ami-Land war ja sowieso unser aller Traum, kulturell und politisch tonangebend, wie es nun mal war (und ist), in unserer *highly civilized western democratic world*.

Ich kann mich noch entsinnen, wie ich in New York am Kennedy-Airport ankam: Ich fuhr erst einmal zwei Stunden um dieses gigantomanische Riesenflugfeld herum, ehe ich den richtigen Bus fand, der mich nach Manhattan schuckelte. Natürlich verstand ich mit meinem Schulenglisch anfangs kein Wort von dem Geknorzel, das der Busfahrer oder auch andere, von denen ich Auskunft erbat, von sich gaben. Und ich weiß auch gar nicht mehr, wie ich nach Buffalo gelangt bin, das liegt ja immerhin ein paar hundert Meilen weiter weg. Aber ich kam an. Und dort war eine nette Sekretärin, und überhaupt waren alle sehr *nice* zu mir, dem Exoten *from Old Germany*. So stand ich also erst mal auf diversen Parties herum, mit dem Sektglas in der Hand und, na klar, im saloppen grauen Anzug, und kaugummikauderwelschte alsbald ebenfalls ganz lustig daher.

Jetzt hatte ich etwas ganz Neues zu machen, nämlich moderne Neue Musik. Und ich mußte natürlich üben, denn das Zeug ist sauschwer. Wir hatten fast täglich Proben, auf denen jeweils zwei Konzerte pro Monat vorbereitet wurden, eins in Buffalo und eins in der Carnegie-Recital-Hall in New York City. Zwischendurch gab's auch mal Konzerte in Universitäten oder Colleges in anderen Bundesstaaten – Transport grundsätzlich mit dem Flugzeug –, und jeder von uns »Creative Associates« konnte auch sein eigenes Konzert arrangieren, dies allerdings nur an der Buffalo University. Alles war viel lockerer und lässiger als bei uns, wenigstens schien es mir so; geistig weiter, weniger spießig. Daß diese Lockerheit und Lässigkeit auch ihre Kehrseite hatte, und die sieht ziemlich brutal aus, das erfuhr ich erst Jahre später, als ich nämlich nicht mehr Fremder sein, sondern selbst Ami werden wollte. Ich mietete mich in ein relativ teures Apartment-Hotel ein, kaufte mir für 250 Dollar einen dicken Chevrolet, hatte innerhalb eines Monats meine »Driver's permit« und kurz danach meine »Driver's licence« in der Tasche, mußte als Neuling jede Menge Knöllchen bezahlen – und die sind teuer in Ami-Land – und machte jede Menge Blechschaden, und der ist erst recht teuer. Die Autoversicherung stieg natürlich mit jedem Unfall gewaltig an, und so kam ich mit meinem Geld vorne und hinten nicht aus, geschweige denn, daß ich etwas nach Hause schicken konnte. Mit Geld kann ich sowieso bis heute nicht »artgerecht« umgehen: Wenn ich's habe, gebe ich entweder zu viel aus oder gar nichts, und beides ist blöd. Optimal ist für mich: wenig Geld = wenig Probleme. Das habe ich mir mittlerweile zur Lebensphilosophie gemacht.

Buffalo war aber noch aus einem anderen Grund für mich wichtig: Ich begriff die Faszination der Rock-Musik, und ich lernte LSD kennen. Da ich nun relativ allein war, suchte ich nach einer Weile Kontakt mit etwa Gleichaltrigen, auch solchen, die nicht der Universität angehörten. Auf diese Weise fand ich in einer Strobelight-, Film- und Diaprojektions-verseuchten Diskothek eine Band, die nichts dagegen hatte, wenn ich mich hin und wieder mal mit meiner Geige mit einpluggte. Da ging dann der absolute Underground-Sound ab, wie er bei uns in Deutschland erst zehn bis fünfzehn Jahre später ankam, und immer wenn ich aus diesem Laden rauskam, war ich nicht nur für mindestens eine halbe Stunde taub, sondern auch gut durchgeknetet und *shaking by the power of the bass and the drums*. Dieses Feeling war absolut neu für mich und eröffnete mir eine Gefühlswelt, die mich sehr faszinierte, weil sie nicht mehr vom Verstand oder dem klassischen seelischen Berührtsein bestimmt war, sondern von der knallharten animalischen Dröhnung und – nicht zu vergessen – der elektronischen Hypnose. Ich empfand diese Erfahrung als eine Art Befreiung, konnte aber nicht orten, von was.

Das wurde mir erst klarer durch meinen ersten LSD-Trip. Den nahm ich dann, auch in dieser Zeit, eines Abends in meinem Apartment, nachdem ich mich, so meinte ich wenigstens, sorgfältigst darauf vorbereitet hatte: Ich hatte mir jede Menge Fachliteratur von Alpert und Leary reingezogen. Timothy Leary war damals der große LSD-Papst der florierenden Hippie-Bewegung, ständig mit Knast bedroht, aber gerade deshalb berühmt. Seine spirituellen Bemühungen gingen schließlich, wie die mancher anderen, in Richtung Buddhismus. Das »Tibetanische Totenbuch« und die Leary-Analyse, aufgebaut auf seinen Trip-Erfahrungen, benutzte ich als schriftliche *guides*, und dann, als es endlich so weit war, fand ich auch zwei lebendige Tripbegleiter, zwei Freunde (ich hatte natürlich Angst und wollte auf Nummer Sicher gehen): einen Mathematik-Dozenten von der Uni – er verschaffte mir das LSD, absolut sauber, direkt aus dem Psycholabor der Columbia University, N.Y. –, und einen Kollegen aus dem Kreis der »Creative Associates«, den englischen Komponisten Cornelius Cardew.

Ich schluckte also das Pulver, und es passierte erst mal eine Stunde gar nichts. Wir unterhielten uns; die anderen zwei, die, wie es sich für gute Tripbegleiter gehört, »nüchtern« geblieben waren, gaben mir noch ein paar Ratschläge mit auf den Weg, und plötzlich ging's los. Wenn ich es nachträglich in Zeitbegriffe fassen soll, dann war es wie fünf oder sechs Ozeanwellen, die mich innerhalb von etwa acht Stunden überrollten. Die erste Welle kündigte sich an mit einer Art Zusammenziehung des Körpers und einem seltsamen Muskelempfinden, alles ging langsamer und sensibler. Dann kam der visuelle Flash: Farben und Formen veränderten sich in einer Weise, wie ich es mir nie hätte vorstellen können, wie es aber innerhalb meiner Situation schlüssig war. Ich konnte nicht mehr reden, nur noch stammeln, hatte schon bald überhaupt kein Mitteilungsbedürfnis mehr. Aber auch keine Angst. Es war gut, daß ich mich so sorgfältig vorbereitet hatte, und daß die beiden Freunde da waren.

Angst kam allerdings bei der zweiten Welle: Cornelius schlug mir Musik vor, und zwar eine seiner Kompositionen. Cornelius war, wie viele der jungen Avantgardisten damals,

sehr stark an Feldman und Cage orientiert, und so spielte er mir auch eine Aufnahme seiner Improvisationsgruppe vor, in der neben Staubsauger, Schreibmaschine und herkömmlichen Instrumenten auch ein Radio vorkam. Das Radio wurde anhand eines bestimmten Kompositionsplans durchgenudelt und hin und wieder auf bestimmten Frequenzen belassen. Als der Trip dann bei mir wieder losging, lag ich auf dem Boden, denn es war mir schon von vorneherein klar, daß ich mich diesmal nicht willentlich würde bewegen können. Ich hatte die Augen geschlossen, um mich stärker auf die Musik zu konzentrieren, und merkte plötzlich, daß ich sie nicht mehr öffnen konnte. Aber eine ungeheure Flut von Bildern stürzte auf mich ein, von Situationen, die ich irgendwann mal erlebt hatte, die mir aber in ihrer Intensität buchstäblich den Atem raubten. Das Unterbewußtsein wurde bewußt und sichtbar, und das war immer dann besonders qualvoll, wenn das Radio Mozart spielte. Auf irgendeinem Sender kam immer wieder eine Mozart-Klaviersonate, und dann durchzuckte mich jedesmal ein ungeheurer Widerwille und ein gewaltiger körperlicher Schmerz. Ich habe noch viele Jahre eine regelrechte Angst vor Mozart gehabt. Erst kürzlich, als ich in der Kölner Philharmonie ein Violinkonzert von Mozart spielte, verspürte ich nach zwanzig Jahren erstmals wieder diese Panik, den Schmerz in der Magengegend.
Der Mozartschmerz war damals der »Trigger« für das, was ich bis heute als meine »Vision« bezeichne. Aus den vielen Bildern entwickelte sich nämlich plötzlich eines, das ich kannte, und zwar aus meiner Schulzeit: »Die Versuchung des Hl. Antonius« von Matthias Grünewald. Wir hatten damals »Mathis der Maler« von Paul Hindemith durchgenommen, und da gibt es als Vorlage für den letzten Satz eben jenes Grünewald-Bild aus dem Isenheimer Altar in Colmar, das mir damals gar nicht besonders aufgefallen war. Jetzt aber wurde es lebendig, und ich war, wie ich so dalag, wehrlos,

gelähmt, *ich* war diese Zentralfigur, dieser Antonius, der von allen Seiten von gräßlichen Ungeheuern angefressen wird, und der Trigger dafür war die Musik von Cornelius' Tonband. Es wurde immer unerträglicher und irgendwann hatte ich das Gefühl, ich müßte sterben. Aber ich wollte nicht. Aus dieser Qual heraus entstand die Vision: Alles schloß sich zusammen zu einer Art Kreis, all' die Horrorfiguren, die an mir herumfraßen, und auch ich löste mich da hinein, und dieser Kreis von tausend Bildern begann sich zu drehen, schneller und immer schneller. Je schneller er sich drehte, desto mehr verschwanden die schmerzhaft grellen und unterschiedlichen Farben und es entstand eine ungeheuer beglückende zentrale Helligkeit. Klanglich beschrieben: Aus den tausend »teuflischen« Geräuschen und Klangereignissen, die mich fix und fertig machten, entwickelte sich in dem Moment, als ich meinte, es nicht mehr ertragen zu können, eine immer einheitlichere Klangstruktur, die nicht mehr analytisch zu definieren war, sondern nur noch durch das Glücksgefühl, das

Klaus (9. v. l.) mit den »Creative Associates« in Buffalo (1966)

mich während dieses Klangereignisses durchströmte. Danach war Schluß, die Welle ließ mich raus.

Diese Vision, egal wie man sie deuten mag – und ich habe viel daran herumgedeutet – hat mein Leben verändert, indem sie mir neue Wahrnehmungsmöglichkeiten erschloß. Der Trip ging natürlich noch ein paar Stunden weiter, und auch späterhin habe ich gelegentlich erstaunliche Trip-Erlebnisse gehabt, auch in Deutschland; kein Trip war jedoch so eindrucksvoll wie dieser erste in seiner zweiten Phase. Es soll ja wohl allgemein so sein, daß der erste Trip der erkenntnisreichste ist. Deshalb kommt es mir auch blödsinnig vor, viele Trips zu schlucken, wie es damals in manchen Kreisen Mode war. Abgesehen davon, daß so ein Trip eine sehr anstrengende Sache ist, wenn man ihn ernst nimmt, kann man ihn nicht einfach nur konsumieren. Man muß ihn verarbeiten, und zwar in nüchternem Zustand. Allein die Rückkehr in den körperlichen Normalzustand dauerte bei mir damals fast eine Woche.

Nach einem Jahr war meine Zeit mit den »Creative Associates« vorbei, und ich kehrte nach Köln zurück. Meine Solo-Violin-Träume hatte ich mittlerweile aufgegeben, also strippte ich viel in Sinfonie-Orchestern, hauptsächlich dem Siegerland-Orchester und dem WDR Rundfunk-Sinfonie-Orchester und vertrat Christl, die bald unser zweites Kind, Markus, bekam, beim Geigenunterricht. Ansonsten sehnte ich mich nach Ami-Land. Deshalb versuchte ich, dort wieder etwas zu kriegen, und das klappte auch, so daß wir schon ein Jahr später mit Kind und Kegel nach San Diego/California übersiedelten.

It never rains in California

Diesmal nahmen wir unser Auto mit, einen Kadett-Caravan, ganz neu gekauft, der wurde knapp einen Monat lang für uns vier zum Heim. Das war eine sehr schöne Zeit. Wir waren aufeinander angewiesen, hatten uns trotzdem gern und machten Sightseeing. Und was für Sight: Endlose Straßen durch Weiden, Steppen und Wüsten, alles erschien uns dreimal so groß und so weit wie bei uns. Gigantische Naturmonumente: der Yellowstone-Park, Utah, Death Valley, dann Los Angeles, der Pazifik. Schließlich die Ankunft in San Diego, California, wo fast das ganze Jahr über die Sonne scheint, bis auf ein paar Monate im Frühling, wo es schon mal regnet, aber angenehm; das ganze Jahr Blütenpracht, sogar in den paar Monaten im Sommer, wenn das Gras gelb und braun wird; es ist nie zu heiß, weil vom Pazifik immer eine erfrischende Brise herüberweht, und nie zu kalt, so daß man sogar zu Weihnachten noch im Ozean schwimmen gehen kann.

Wir wurden sehr freundlich aufgenommen, sowohl privat als auch an der Universität, wohnten bald in einem schnuckeligen Haus im spanischen Stil, mit hübschem Backyard, zwei Minuten vom Beach entfernt. Finanziell hatten wir keine Probleme, denn wir konnten beide im Music Department der Universität arbeiten, Christl zusätzlich im Linguistics Department. Später nahmen wir noch einen Job als Geiger im San Diego Symphony Orchestra an, und so konnten wir dieses teure Pflaster Kalifornien prima verkraften. Die University of California San Diego (UCSD) war eine relativ neue Universität, zumindest das Music Department war ganz frisch, und eine entsprechende Aufbruchsatmosphäre herrschte auf dem Campus. Natürlich ging es hauptsächlich um moderne Musik, und der Professor, für den ich arbeitete, war gerade dabei, ein interessantes Kompositions-Programm für die »Undergraduates« zu entwickeln: Wir gingen auf Schrottplätze, holten uns von dort »Klangkörper« – meist massive Eisen- und Aluteile, die einen »guten« Klang hatten –, hängten sie in unseren Arbeitsräumen auf und improvisierten in Gruppen zu sechs bis acht Leuten auf diesen Instrumenten herum. Diese Improvisationen wurden auf Tonband aufgenommen, gemeinsam abgehört und analysiert und dann grafisch fixiert. Danach wurde die Sache umgekehrt angegangen: erst die Komposition, dann die Ausführung. Eine tolle Methode, um jemanden locker ans Komponieren zu bringen!

Mein Professor hatte zwei bis drei Assistenten, die diese Arbeit anzuleiten und zu überwachen hatten, und das hat mir anfangs einen ungeheuren Spaß gemacht, zumal ich arbeiten durfte, wie ich wollte. Der Professor hat nur die schriftlichen Ergebnisse eingezogen und ausgewertet. Später wurde es dann allerdings anders: Als sein Forschungsprogramm sozusagen konsolidiert war, wurden die Kompositionen der Studenten bewertet, d. h. zensiert, und das mußte ich machen. Das habe ich natürlich gar nicht gerne getan. Zuerst fragte ich die Studenten, welche Zensur sie brauchten, um gut über die Runden zu kommen. In Ami-Land gibt's nur drei Zensuren: A, B, C, *that's it*! Mein Verfahren flog aber auf, und der Professor, ein freundlicher Mann, bedeutete mir, daß das so nicht ginge. Daraufhin besprach und bestimmte ich die Zensuren anhand der Grafiken und Tonbandaufnahmen an Ort und Stelle, zusammen mit der Gruppe. Das ging lange gut, auch mit professoraler Duldung, aber er war wohl doch irgendwie mißtrauisch geworden. Auf jeden Fall sollte ich irgendwann plötzlich haufenweise schriftliche Tests in Musikgeschichte korrigieren und bewerten. Das war – abgesehen davon, daß ich in Musikgeschichte nicht gerade fit bin – eine Scheißarbeit, und ich schob sie wochenlang vor mir her und machte sie dann so schlecht, daß der Professor wohl selber noch mal dran mußte. Hat's mir aber, so mein' ich, nicht allzu übel genommen. War schon ein prima Typ, der John Silber. So ein Typ wäre in Deutschland als Professor undenkbar. Aber in dem einen kleinen Punkt, nämlich dem Schlußpunkt, läuft's bei den Ami-Universitäten auch nicht anders als bei uns: Am Schluß geht's um den Schein, bei beiden, Studenten und Dozenten, und nicht um das Sein. Und da habe ich meine Schwierigkeiten mit, schon immer gehabt.

Doch meist ging's wirklich locker ab. Die Dozenten und wir »Associates« wollten hauptsächlich tolle Sachen machen: Konzerte, Experimente, »Contemporary Music«. Und das haben wir auch gemacht. Ob wir Musiker und Zuschauer nun auf einer Campuswiese – aus weiter Entfernung kommend und auf großen Meeresmuscheln blasend – immer näher aufeinander zukamen, um auszukosten, wie sich das anfühlt und anhört; ob unsere Elektronik-Professorin, Pauline Oliveros, plötzlich, weil einer der Teilnehmer so gut löten konnte, ein Löt-Seminar mit uns anfing, in dessen Verlauf wir eine Nacht lang auf der Mesa mit unseren zusammengelöteten Modulen kosmische Strahlen auffingen und hörbar machten; ob wir Konzerte mit unseren eigenen Kompositionen veranstalteten – mindestens die Hälfte meiner Kompositionen, und ich war fleißig, wurden in San Diego aufgeführt; oder ob wir knallharte oder lustige Dada-Performances durchzogen: Es war immer etwas los, und es war trotzdem locker. Das war die eigentliche Qualität dieses Music Departments. Und das Klima. Und California.

Die Kompositionen, die ich in Ami-Land geschrieben habe, waren meistens Multi-Media-Sachen, in denen visuelle Aspekte eine nicht unerhebliche Rolle spielten. In Buffalo/N.Y. entstand das »Oratorium meum pluspraeperturi«, wobei letzterer Begriff für Plusquamperfekt, Präsens, Perfekt und Futur zusammen steht. Es war ein Stück, in dem sich Martin Luther (Tenor) mit einer Nutte (Sopran) und einem PR-Manager (Sprechrolle) auseinandersetzt, begleitet von einem Streichquartett, einer Jazz-Combo, einem Preßlufthammer, einem Gong und diversen Perkussions-Instrumenten. Die Zuordnung war: Preßlufthammer für Martin L.,

Jazz-Combo für den PR-Manager, Streichquartett für die Nutte. Die Textvorlagen stammten aus »Von der Freiheit eines Christenmenschen« (Martin Luther), einem psychodelischen Erotik-Roman (für die Nutte) und aus Werbe-Slogans in »Spiegel« und »Stern« (für den PR-Manager). Die drei Akteure redeten natürlich ständig aneinander vorbei, führten aber doch eine Auseinandersetzung, die darin gipfelte, daß alle drei gleichzeitig redeten beziehungsweise sangen und daß Luther schließlich sein ominöses Tintenfaß, das er vor 400 Jahren dem Teufel an den Kopf geworfen haben soll, an ein Bettlaken pfefferte, woraufhin sich dort, begleitet von einem gewaltigen Gongschlag, ein dicker schwarzer Tintenfleck bildete, und danach plötzlich Stille und Starre. Dann beendete das Streichquartett dieses Stück mit drei oder vier kurzen Pianissimo-Ereignissen. Ein ziemlich plakatives Stück also, einfach zu verstehen, recht erfolgreich damals, bei dem ich einmal alles ausprobiert hatte: Zwölfton-Technik, Generalbaß-Aussetzung und Kagels »Sur Scène«-Effekte.

In California schrieb ich auch das »Streichquartett für 6«, d. h. vier Leute sind das Streichquartett, die zwei übrigen spielen alles mögliche, vom Massagegerät auf dem Celloboden über Flaschen zerschlagen und danach die Glassplitter auffegen, über Maultrommel, vokale Laute und Plop-Geräusche, bis zu Ton-Clustern aus dem Synthesizer und natürlich Gong. Gong war damals mein ausgesprochener Liebling. Der mußte immer irgendwo und irgendwie rein. Beim »Streichquartett für 6« kam dazu noch eine Menge Elektronik: Am Schluß, im letzten Satz – das Stück ist 41 Minuten lang! – wird alles auf Tonband aufgenommen, im weiteren Verlauf rückwärts ein- und gleichzeitig etwas Neues live dazugespielt. Dieser Vorgang wird viermal durchgeführt, so daß am Ende aus vier Lautsprechern in den vier Ecken des Raumes ziemlich verquere Musik kommt, vorwärts und rückwärts gleichzeitig, und dazu noch live das Spiel der sechs

Musiker. Dieses Stück brachte mir immerhin das »Master's Degree« ein sowie eine Konzerttournee durch kalifornische Universitäten, und es war, bis auf einige Auftragskompositionen (z. B. »Limelight« für Bertram Turetzky), das letzte Stück, das ich in relativ normaler Musiknotation schrieb.

Danach ging's auch bei mir Dada- und Cage-mäßig ab, und ich beschrieb meine Musik eher mit Worten und durch Aktionen als mit Noten. Etwa »City in Sound and Motion«: Das war eine Vernetzung von Plätzen (Straßenkreuzungen, Beach, Fischrestaurant, Vorlesungssaal u. ä.) und Aktionen (Chopin-Etüde im Pinguin-Käfig des Zoos von San Diego; oder eine Impro-Gruppe »spiegelt« das Meeresgeräusch am Pazifik usw.) mittels des Telefons: Alle Signale wurden zum zentralen ITT-Büro gesendet – ITT sollte der Sponsor sein –, und von da nach einem raffiniert ausgeklügelten Plan entweder verkoppelt oder weitergeleitet. Ziemlich verrückt, aber lustig!

Meine letzte Komposition nannte sich »Realities« und war stark geprägt durch meine Erfahrungen mit der Living-Theatre-Technik. Es waren etwa 100 Anleitungen für musikalische Gesellschaftsspiele, sowie Spielregeln zwecks Erfahrung und Interpretation von Zeit, Naturereignissen, Temperaturunterschieden, musikalischen Unterschiedlichkeiten (hoch-tief, laut-leise), Gerüchen, Farben, Stimmungen. Dieses umfangreiche Werk, meine musikalische Doktorarbeit, wurde zwar in San Diego nie aufgeführt, dafür aber um so öfter kopiert und später in Köln dann um so intensiver »betrieben«. Leider habe ich keine einzige Kopie mehr davon.

Die University of California und unsere Wohnung lagen in La Jolla, einem besonders schönen Vorort von San Diego. Wir zogen insgesamt dreimal um, doch immer war der Ozean nahe. Das erste Haus war das hübscheste, es hatte den Vorteil, daß im Garten eine blütenüberwachsene Hütte stand, die ich mir als Kompositionsstudio einrichtete. Dort schrieb ich, manchmal bis in den Morgen hinein, an meiner Mammut-Komposition, dem erwähnten »Streichquartett für 6«, und wenn ich aus dem Fenster schaute, flirrte dort oft ein Kolibri vor einer der vielen Blüten und ließ sich durch mich nicht im geringsten stören. Die Nachbarschaft war sehr nett; wir wurden oft eingeladen oder hielten selber Parties ab, meist Geburtstagsparties. Alles war dann voller Kinder und kleiner Überraschungen. Oder Halloween, das in etwa unserem St. Martin entspricht, wo sich die Kinder verkleiden und mit ausgehöhlten Kürbissen und einer Kerze drin in der Nachbarschaft singen gehn, und danach gibt's eine Party. Es gibt überhaupt viele Parties in Ami-Land. Bei uns herrschte oft ein reges gesellschaftliches Leben.

Mittlerweile war Oliver auf der Welt, unser drittes Kind, das erste und einzige meiner Kinder, das nicht zu Hause geboren wurde. In Ami-Land muß frau ins Krankenhaus zum Kinderkriegen, da gibt's keine privaten Hebammen für die *Silent Majority*. Olivers Geburt erinnere ich als ziemlich aufregend. Eines Abends sagt Christl plötzlich: Du, ich krieg' das Kind! Wir also ins Auto und in rasanter Fahrt, immer über die roten Ampeln, zum Krankenhaus. Dann zum Kreißsaal, ich fünf Minuten gewartet, und das Kind war da!

Jetzt waren wir also insgesamt zu fünft in unserer Familie. Und die Eltern arbeiteten beide. Und zwar nicht nur in der Uni, sondern auch im Sinfonieorchester von San Diego. An der Uni war es relativ easy mit den Kids. Im Music Department gab es viele kinderfreundliche Menschen sowie eine wunderschöne große Wiese, um die herum unsere Arbeitsräume gruppiert waren, da konnten unsere Kinder prima spielen und herumlaufen, und Christl und ich konnten uns bei der Beaufsichtigung ablösen. Beim Sinfonieorchester war das schon schwieriger. Darum taten wir uns mehr und mehr mit Leuten zusammen, die ebenfalls kleine Kinder hatten.

Das klappte erstaunlich gut, und aus diesen ursprünglichen Zweckgemeinschaften entstanden richtige Freundschaften. Im letzten Jahr unseres Amerikaaufenthaltes, als wir in den »Married Student Apartments« auf dem Campus wohnten, schlossen wir uns dann einem Baby-sitting-pool an, und das funktionierte am besten. Und dazu noch ohne Geld! Sechs bis acht Pärchen waren darin zusammengeschlossen und sitteten reihum, und damit es gerecht zuging, wurde ein Punktekonto geführt: einen Pluspunkt gab's für Babysitten, einen Minuspunkt für Babysitten in Anspruch nehmen.
Dieses Prinzip, Leistungen untereinander auszutauschen, sozusagen am Geldmarkt vorbei, hat mich schon damals sehr begeistert.
Ansonsten war ich gesellschaftspolitisch aber relativ uninteressiert. Das änderte sich erst, als ich mit einer Living-Theatre-Truppe in Verbindung trat, die ein kleines Theater unterhielt und mich als Hauskomponisten engagierte. Das waren nun alles »arme Schlucker«, mit Geldsorgen, Berufsschwierigkeiten oder Arbeitslosigkeit behaftet, andererseits aber, was das Theater betraf, ungeheuer engagiert und arbeitswütig. Die Stücke waren durch die Bank radikal und sozialkritisch, und das hinterließ natürlich auch bei mir seine Spuren und bewirkte eine allmähliche, aber unwiderrufliche Politisierung. Ich sah plötzlich »The American Way of Life«, der sich für uns bislang so bequem und angenehm dargestellt hatte, mit anderen Augen. Es waren ja die berüchtigten 68er Jahre mit Vietnamkrieg, Woodstock, People's Park (San Francisco), Kent-Shooting, Hippie- und Yippie- und nicht zu vergessen: Black-Panther-Bewegung. Und an der UCSD lehrten immerhin Leute wie Herbert Marcuse, Reinhard Lettau und Angela Davis. Downtown, in unserem Theater-Gebäude, befand sich das Hauptquartier der Black Panther Party. Überall im Land gab's Rebellion gegen Ungerechtigkeit, Rassendiskriminierung und den Vietnamkrieg. Natür-

lich auch auf der Uni. Plötzlich war ich mittendrin, beteiligte mich an Streiks, Demonstrationen und allen möglichen studentischen Aktionen gegen das herrschende Establishment. Und das ohne Netz und doppelten Boden, d. h. ich war ja »Fremder«. Und Fremde dürfen so was normalerweise nicht machen, auch nicht in Ami-Land. Je besser ich also mit den Theatre-Five-Leuten klarkam, desto mehr nahm die Reserviertheit bei den etablierten Uni-Leuten zu. Mein Mandeville-Grant wurde nicht erneuert, statt dessen erhielt ich aber eine Assistentenstelle als »Graduate Student«; im Sinfonie-Orchester machten sie Schwierigkeiten, weil wir nicht in der »Union« waren und als Fremde auch nicht hineinkamen; ein Einwanderungsgesuch von uns wurde abschlägig beschieden, so daß wir unter »docket control« standen, d. h.: raus aus dem Land darf man, rein nicht mehr! Es wurde also ganz klar: wir sollten und mußten zurück nach Deutschland. So brachen wir um 1970 herum unsere Zelte in San Diego ab, machten noch eine schöne Autotour durch Ami-Land, von Südwest nach Nordost, und schifften uns dann in Richtung Old Europe ein. Damit begann ein neues Kapitel in meinem Leben.
Bevor ich aber selbst weitererzähle, füge ich hier einen kurzen Bericht von Christl über unsere Zeit in Kalifornien ein.

»Nach 14tägiger Fahrt mit dem Auto durch das Land nach Seattle und dann den »Highway One-O-One« an der Küste entlang – die Kinder spielten und schliefen im Auto –, kamen wir abends in La Jolla, San Diego an, eine Adresse in der Tasche. Wir fuhren zur Familie Jones. Sie kannten uns nicht und hatten auch noch nichts von uns gehört. Wie überrascht waren wir, als sie uns reinließen, uns das Haus zeigten und sagten: Welcome, fühlt Euch zu Hause, wir müssen jetzt leider fort, nehmt Euch, was ihr braucht! Sie halfen uns in all den Jahren und freuten sich über die Kinder; wir konnten sie jederzeit zu ihnen bringen. Diese Kinderliebe in Kalifornien machte uns vieles leicht; nie waren die Kinder im Weg, ob am Campus oder auf Parties, bei Unternehmungen oder Besuchen: Kinder waren immer willkommen und wurden wie kleine, selbständige Menschen behandelt.

Auch die Atmosphäre bei den Konzerten war ganz neu für uns. Am Eingang des Konzertsaals stand eine Kiste mit Sitzkissen. Das Publikum setzte sich, und wir Musiker saßen mittendrin. Wir spielten Bach, Bartok oder eigene Kompositionen; alles wurde, wenn es gut war, interessiert oder begeistert aufgenommen. Hier war alles so leicht, die Musik oder die Aktion standen für sich, ohne den abgehobenen Anspruch, den Klotz der Tradition wie in Deutschland. So konnten wir die Harfe in den Wind stellen, uns in den Klängen, den Farben und dem Duft nach Salbei in der Luft verlieren und neue Ideen für's Leben finden. Eine neue Freiheit.

Abends gingen wir ab und zu ins Unicorn, ein Kinotheater, wo besonders Filme im Originalton gebracht wurden. In der Pause gab es Tee und Popcorn gratis; im Vorraum konnten wir stundenlang in neuen und alten Büchern stöbern und indianischen oder selbstgemachten Schmuck bewundern. Auch hier war die Atmosphäre liebevoll und leicht.

Das Bedürfnis nach freier Musik und freiem Ausdruck wurde immer größer, und wir trafen die Theatre-Five-Leute und auch die Leute von der Free Press, einer Zeitung, die lokalpolitische Machenschaften aufdeckte, die über Kuba und Che Guevara schrieb, Reisen für die Zuckerrohrernte in Kuba organisierte, die über die Black Panther-Bewegung und über Martin Luther King und die gescheiterte Unternehmung in Little Rock schrieb, wo weiße und schwarze Kinder zusammen zur Schule gehen sollten, woraufhin aber die weißen Eltern ihre Kinder aber schnell in weiße Privatschulen ummeldeten. Schließlich deckten sie Korruption und Steuerbetrügereien auf, die bis hin zu Watergate führten

(Nixon kam ja auch aus California). Bei einer Razzia überfiel Polizei mit Helm und Visier – wir kannten so was aus Deutschland damals noch nicht – diese Leute regelrecht und räumte auf. Aber die Wut über die Ungerechtigkeit wuchs auch bei uns, besonders da wir auf der anderen Seite, im künstlerischen Bereich, gerade den Hauch einer großen Freiheit spürten.

Dann kam die Idee, am Strand regelmäßig ein »free dinner« zu organisieren, und wir wurden gefragt, ob wir Musik dazu machen würden. Die Leute kochten zum Beispiel Reis und Fisch; es gab Salat, Kuchen und Wein, alles für 20 Cent, und Hunderte von Menschen konnten fast umsonst essen, trinken und Musik hören; auch Kino wurde schließlich für alle die Menschen angeboten. Wir liefen barfuß an der Uni 'rum, und die Profs hatten Freude an bunten Sachen und niemand nahm Anstoß, alles war easy. Wir fuhren nach Tanglewood, zum Festival; Klaus machte einen Kurs in Jazz, wir spielten Neue Musik, lebten vier Wochen lang mit den Kindern im Wald und konnten uns alles mögliche anhören, vom Boston Symphony Orchestra bis zu den Who und Janis Joplin. Dieses Festival fand fast gleichzeitig mit dem Woodstock-Festival statt, nur etwa 100 km davon entfernt. Neu für uns war, daß Klassik, Jazz und Rockmusik, alles bunt gemischt, auf einem Festival gespielt wurde.

Auf dem Campus der UCSD dramatisierte sich unterdessen die Situation. Der Vietnamkrieg war überall gegenwärtig. Die »Kids« wurden nach dem Losverfahren eingezogen. Heute waren alle am 23. Januar geborenen Jungs dran, morgen dann alle am 2. Mai geborenen. Sie wurden vier Wochen zur Vorbereitung auf die Philippinen geschickt und dann nach Vietnam. Oft saßen sie verzeifelt in der Klasse und überlegten, wie sie abtauchen konnten. Angela Davis war auf dem Campus und agitierte. Herbert Marcuse hielt informative Vorlesungen. Die Aushebungskommission kam immer

wieder an die Uni und registrierte die Jugendlichen. Eines Tages passierte diese Geschichte in Berkeley, San Francisco, »People's Park«: Leute hatten ein Grundstück besetzt, um einen Spielplatz zu bauen. Sie rollten Wiese aus und setzten Spielgerüste drauf. Alles wurde polizeilich geräumt, Rieseneinsätze, sogar National Guard, die einfach die Leute mit Hubschraubern überflog und mit irgendeinem Gas besprühte. Leute wurden abtransportiert und in Lager gesteckt, mußten tagelang auf dem Boden liegen. Alle Campusse streikten, die Polizei umstellte das Gelände. Ronald Reagan, Gouverneur von Kalifornien, beschloß, große Teile der Uni zu schließen. Leute wurden entlassen, und wir bekamen kein Visum mehr. Zurück nach Deutschland.
Aber die Idee von Sonne, Freiheit, Gerechtigkeit und fröhlichen Kindern wollten wir nach Deutschland mitbringen. Hier wollten wir den Traum leben. Die Realität hat uns später oft überrollt, aber trotz aller Schwierigkeiten versuchen wir immer noch, diesen Traum zu verwirklichen.«

Unheiliger Tabernakel

Nun waren wir also zurück in der Heimat, und noch dazu gar nicht gerne. Anfangs kam uns hier alles sehr kleinlich und spießig, eng und geradezu unangenehm sauber vor. Die Straßen, die Häuser, die Parks, die Menschen – alles. Sehr bald aber merkten wir, daß nicht nur bei Christl und mir, sondern auch in Deutschland einiges anders geworden war: Beatniks, Hippies und besonders die politischen Achtundsechziger Jahre übten bereits einen starken Einfluß auf die Gesellschaft aus. Hippies turnten überall herum, in Grüppchen oder auch einzeln, mißtrauisch beäugt von der schweigenden Mehrheit, Kommune-ähnliche Wohngemeinschaften gab es, Hausbesetzungen und Demos aller möglichen politischen und wirtschaftlichen Probleme wegen waren »in«. Man beschäftigte sich sehr angelegentlich mit dem Phänomen Freiheit, und das System hatte sich noch nicht so recht dagegen eingeschossen. Es war also eigentlich eine sehr gute Zeit.

Wir stürzten uns mitten hinein. Mit Ersparnissen aus Ami-Land mieteten wir in der Südstadt, An der Bottmühle 5, eine Art Zwitter aus Parterrewohnung und Lagerkeller, groß und düster, und gründeten zusammen mit den Restbeständen des »Theater Coom« und ein paar Freunden aus New York und San Diego die berühmt-berüchtigte »Kommune Tabernakel«. Nachdem wir den Laden einigermaßen wohnlich gemacht hatten – zur Bottmühle 'raus waren Küche und Eßzimmer, zum Innenhof hin ein gemeinsames Schlafzimmer für 13 bis 15 Leute, darunter drei bis fünf kleine Kinder –, eröffneten wir im glasüberdachten Innenhof eine öffentliche Teestube, gedacht als finanzielle Einnahmequelle. Die drei Keller unter dem Ganzen waren Probe- und Veranstaltungsräume. Es überkam uns ein gewaltiger Tatendrang. Wir teilten uns in zwei Gruppen auf, die sich gegenseitig abwechselten; während die eine Gruppe unten im Keller Living-Theatre-Techniken und meine »Realities« trainierte – vier Stunden hintereinander normalerweise –, kümmerten sich die anderen derweil um Teestube, Einkauf und Essensvorbereitung. Und weil diese Art von Leben für uns alle zwar neu, aber sinnvoll und gewollt war, und dazu noch »revolutionär«, klappte es auch wunderbar. Wir waren stark wie noch nie und hatten eine tolle Zeit. Das strahlt natürlich auch nach außen ab, und wir konnten uns über mangelnden Betrieb in der Teestube nicht beschweren. Da war immer etwas los. Ältere Leute kamen entweder solo oder zu zweit oder dritt, die Schüler oftmals in Cliquen, um sich beim Tee Pink Floyd, Jefferson Airplane oder sonst was reinzuziehen und um die Kundschaft oder uns zu betrachten, wie wir da aus-

und eingingen. Es war alles bunt und lebensfroh, und wir waren »in«. Über die Teestube lernten wir viele interessante Menschen kennen, interessant nicht nur deshalb, weil sie sich für uns interessierten.

Unten im Keller ging derweil das knallharte Training ab. Wir trainierten neben den »Realities« hauptsächlich Living-Theatre-Techniken. Dabei geht es um eine spontane und unwillkürliche Ausdruckskraft, die nicht vom Intellekt, sondern eher vom Unterleib gesteuert wird. Es gibt zum Beispiel eine Paarübung, bei der der eine Partner den anderen audio-visuell spiegelt, und zwar in einem rhythmischen Bewegungsvorgang – deswegen nennt sich das »Sound and Movement« –, und das wird hochgetrieben, bis nur noch das Unterbewußte regiert und gemeinsam Ekstase erreicht ist. Eine sehr orgiastische Angelegenheit! Dadurch, daß wir alle diese Übungen tagtäglich betrieben – und das über einen ziemlich langen Zeitraum –, erlangten wir nach einer Weile ein sehr stark ausgeprägtes Körper- und Gruppenbewußtsein.

Dieses extensive Training hatte aber auch seine negativen Aspekte. Wir hoben ab, ohne das zu bemerken, und kamen andererseits über das Training nicht hinaus. Wir wurden, so möchte ich es mal ausdrücken, gesellschaftspolitisch dumm. Ich zum Beispiel, der ich die Funktion des Trainers einnahm, wußte nach einer Weile nicht mehr, was wir mit unseren antrainierten oder entdeckten Fähigkeiten überhaupt anstellen sollten bzw. wollten. Mir fiel dazu nichts Besonderes ein, zumal die Realität mehr und mehr über den »Realities« zusammenschlug: Die Nachbarn, sowieso mißtrauisch und schreckhaft gegenüber allem Neuen und Andersartigen, außerdem der – teils berechtigten – Meinung, unser Tabernakel sei eine Drogenhöhle, waren sauer über den ständigen Betrieb und Krach in der Teestube und vor dem Haus und schmissen uns öfters mal schwere Gegenstände auf das Glasdach, was dem nicht gut bekam. Irgendwann kam sogar eine

Schlägertruppe vom Abschleppdienst Keltz herein, um uns aufzumischen – vermutlich von den Nachbarn dazu angestiftet –, die wir aber ganz sauber mit Sound-and-Movement-Technik »hinauskomplimentieren« konnten. Eines Tages suchten wir verzweifelt unsere Kinder, und so manches Arschloch aus der Nachbarschaft zeigte ganz unverhohlen seine Freude darüber.

Damit wurden denn die gesellschaftlichen Auseinandersetzungen an uns herangetragen, ob wir nun wollten oder nicht. Auch intern zeigten sich die Schwierigkeiten des Miteinander, weil der Unterschied zwischen Kommune-Anspruch – jeder trägt Verantwortung für den anderen, jeder ist gleichberechtigt – und Wirklichkeit – die meisten waren gerade mal Mutters Kochlöffel entflohen, Christl und ich waren anfangs die einzigen mit Kindern, d. h. mit zumindest Familienverantwortungserfahrung – zeigte sich immer deutlicher. Auch zwischen Christl und mir kam es zu Problemen, denn zur Kommune gehörte für mich nach einer Weile auch die Verwirklichung der freien Liebe. Noch heute träume ich manchmal davon und weiß immer noch nicht, wie und ob so was im Sinne aller Beteiligten zu verwirklichen ist. Jedenfalls drifteten wir mehr und mehr auseinander, und auch unser Training sowie unser Kommunikationszentrum, die Teestube, verloren immer mehr an Wert.

Es kamen neue Leute in die Kommune, darunter »Eck«, der mit einem faszinierenden Gitarrenspiel begabt war und mit einer gewaltigen Bluesstimme. Er hatte schon so manche Erfahrung, die ich noch nicht gemacht hatte beziehungsweise mit der ich nicht klarkam, hinter sich, hatte in der Beatnik-Szene von Schwabing und der 68er-Szene von Kreuzberg gelebt, kannte New York von der Bowery her, dem Stadtteil der Armen und »Fertigen«, kannte sich bestens aus in der linken Literatur von Marx bis Huey P. Newton, im Blues, im Flamenco, in der Klezmer- und auch in der deutschen Volksmusik, war gerade mit seiner Ehe gescheitert und litt oft an schweren Asthmaanfällen. Der zog also nun mit einigen seiner Freunde, Charlie, Karin und ihrem Söhnchen Ezra, zu uns, und ich orientierte mich anfangs sehr an ihm und seinen Erfahrungen. Er ist übrigens bis heute einer meiner besten und wertesten Freunde.

Jetzt erst wurden wir eigentlich »politisch«, nach innen wie nach außen. Wir fingen an, Straßenmusik zu machen – wir: das waren hauptsächlich Eck, Richard Bargel und ich –, meistens Blues und sozialkritische Lieder aus Ami-Land und Irland. Wir schrieben und verteilten Flugblätter gegen das herrschende System und hatten natürlich bald auch die Politische Polizei am Hals. Beispielsweise in Form einer Razzia am frühen Morgen, als plötzlich das ganze Tabernakel voller Bullen war, die vor unseren Matratzen standen und in unseren Sachen herumwühlten – wobei sie Druck- und Schreibmaschine mitnahmen, die gefüllte Shitpfeife jedoch geflissentlich übersahen –, und schon hatten wir unseren ersten Prozeß am Hals. Wegen Volksverhetzung! Je mehr aber unsere Gruppe in die Brüche ging, desto mehr hängte ich mich in die politische Auseinandersetzung mit dem System, seinen Politikern, Richtern und Geldsäcken.

Ein wichtiger Faktor im Kapitel der Kommune »Tabernakel« war die berüchtigte Horla-Kommune. Berüchtigt deshalb, weil man ihnen nachsagte, sie würden in einen Haushalt einfallen und nicht eher weggehen, bis der Eisschrank ratzekahl leergefressen wäre, sie würden alles mitgehen lassen, was nicht niet- und nagelfest sei. An diesem Gerücht war tatsächlich etwas dran. Wenn sie nicht auf solche Art unterkamen, dann lebten sie, sommers wie winters, auf der Straße, in Parks oder im Polizeigewahrsam. Die Gruppe hatte auch eine Art Guru, das war Hans-Robert, mit einer engelhaften Frau, das war Eva, und einer Ideologie, die mich tief beeindruckte, und die lautete etwa so:

Frei kann eine Gemeinschaft von Menschen nur werden, wenn jeder seine Bedürfnisse befriedigen und seine Fähigkeiten entwickeln und ausleben kann. Was man braucht, muß man sich nehmen, und was man über hat, muß man abgeben. Besitz ist ein Irrtum, der abgeschafft gehört. Na klar, so hätte ich's auch gerne gemacht, zumindest bildete ich mir das ein, und deshalb faszinierte mich diese Gruppe ungemein, zum Leidwesen aller anderen Mitglieder unserer Kommune.

Dazu kam noch, daß fast alle Horlas eine wunderbare Art hatten, mit jedem x-beliebigen Klangkörper, der gerade in der Nähe war, Musik zu machen – und Musik wurde bei uns Tag und Nacht gemacht. So kam es, daß die Horlas mehr oder weniger bei uns wohnten, das heißt, sie übernahmen den Keller. Eine Weile ging das auch gut. Doch dann fehlte Richards Gitarre, die sich bei einem Horla-Mädchen am Rudolfplatz wiederfand, und einige im Keller liegende Instrumente waren plötzlich umgebaut oder zerstört. Irgendwann wurde es selbst mir zuviel, so daß wir sie, kurz vor unserer eigenen Auflösung, rauswarfen.

Unsere Auflösung war ein Ende mit Schrecken. Drei Dinge spielten dabei wohl eine wichtige Rolle. Einmal war es so, daß von Kommunebewußtsein – jeder ist verantwortlich für jeden – oder gar von freier Liebe praktisch keine Rede mehr sein konnte. Jeder hatte seine Partnerin bzw. seinen festen Partner, auch ich; Christls und meine Ehe war kaputt, und Christl war mit den Kindern und einem Freund ausgezogen. Zweitens hatten wir kein Programm mehr, auf das alle sich mit der notwendigen Begeisterung hätten einstellen können; »Realities« war vorbei und hatte sich einfach nur als eine Technik für irgend etwas entpuppt, und das war auf die Dauer zu wenig, und drittens war das Geld, das Christl und ich aus California mitgebracht hatten und wovon wir alle zusammen hauptsächlich gelebt hatten, alle.

Trotzdem: Denk' ich an die Tabernakel-Zeit, möchte ich sie nicht missen. Ich wage sogar zu behaupten, daß es allen anderen, die mitgemacht haben, ähnlich geht. Wir haben ziemlich radikal eine Lebensform gewagt, die neu war für uns alle, es gab keine Beispiele oder Hilfen, die wir hätten in Anspruch nehmen können. Das hätten wir im übrigen auch nicht gewollt. Es war eine Lebensform, die ziemlich radikal gegen das herrschende System ging, wobei man bedenken muß, daß jegliches herrschende System nicht nur eine äußere Angelegenheit ist, sondern auch innerlich in uns Menschen verankert ist, mit tausend Haken und Ösen. Und wenn wir das System auch nicht kippen konnten, so war es doch eine erste große Auseinandersetzung, die für die meisten von uns danach beileibe nicht zu Ende war. Für mich zum Beispiel ging's ja dann erst richtig los!

Im Frühsommer 1971 standen wir vor den Trümmern des Tabernakel. Eck meinte, wir sollten »auswandern«, und so fuhren wir mit dem Rest der Gruppe – das waren immerhin Eck und Monika, meine Freundin Gabi, ihr Söhnchen Boris und ich, sowie Benedikt, der ziemlich am Ende unserer Tabernakel-Zeit zu uns gestoßen war – nach Bayern, wo Eck aus alten Zeiten Zugang zu einem Häuschen mitten im Bayrischen Wald hatte. Aber die plötzliche Ruhe dort kam gegen unsere innere Unruhe und Aufgewühltheit nicht an, und wir kamen nicht zu Potte miteinander. Außerdem hatten wir kein Moos, und so hieß es alsbald: Auf nach Nürnberg, Straßenmusik machen! Damit war mein nächstes »prägendes Ereignis« im Anrollen.

In Nürnberg angekommen – wir hatten damals so einen alten VW-Bus – herrschte natürlich Piß-Wetter. Wir entschieden uns deshalb, da wir ja unbedingt Geld verdienen mußten, in der B-Ebene zu spielen, also dem unterirdischen Durchgang zwischen Hauptbahnhof und Fußgängerzone. Das ging auch eine Weile gut. Wir hatten in relativ kurzer Zeit einen Kreis

von mindestens 100 Leuten um uns versammelt, und wir spielten hauptsächlich Blues und Hillbilly. Doch dann kam so ein einsamer, kleiner, bayrischer Bulle und sprach, wie nur allzu oft, wenn man Straßenmusik machen will, ein schauderhaftes »Aufhören«! Aber wir verstanden natürlich nix außer unserer Musik und unserer zahlreichen Zuhörerschaft und spielten einfach weiter. Doch dieser Polizist wollte es jetzt wissen und hielt meinen Geigenbogen fest. Dadurch gab's eine Pause, in der ich meiner Empörung Luft machte, und das Volk fand das auch alles sehr lustig und forderte uns auf, weiterzumachen. Das taten wir dann auch. Aber das war zuviel für den kleinen, einzelnen, bayrischen Bullen. Er wollte mir jetzt tatsächlich an den Kragen, geriet darüber mit Eck in den Clinch, der ihn in den Schwitzkasten nahm und sozusagen mit vertauschten Rollen abführte. Nur ein paar Meter, aber immerhin. Der arme, kleine, bayrische Polizist kam natürlich wieder zurück und wurde von Benedikt in Empfang genommen, der wie ein Schmetterling um ihn herumzutanzen begann, so daß das Volk sich vor Begeisterung nicht mehr lassen konnte. Das konnte natürlich nicht gut gehen. Die Sache wurde immer handfester, und es entstand allmählich, aber unausweichlich eine Klopperei, die sich zu einer regelrechten Massenschlägerei entwickelte. Dabei stellte sich heraus, daß sich beileibe nicht alle Zuhörer beziehungsweise Zuschauer auf unserer Seite befanden. Trotzdem war es prima, das möchte ich nachträglich doch festhalten. So eine Massenklopperei hat etwas Befreiendes. Auf einmal kamen aber von allen Seiten jede Menge Bullen, alle furchtbar wütend, und dann war's aus. Wir wurden abtransportiert – die Frauen hatten vorher schon Geld und Instrumente sichergestellt –, kamen in den Knast und erst nach einigen Monaten, natürlich verurteilt, wieder raus.
Der Knast Bärenschanzstraße in Nürnberg war so ein richtiger alter, grauer Kasten, wie man sich einen Knast vorstellt,

auch wenn man noch nie einen gesehen hat. Wir drei, Benedikt, Eck und ich, saßen in Einzelhaft und haben uns die ganze Zeit nicht gesehen. Dennoch wußten wir ganz gut übereinander Bescheid, durch den Anwalt, unsere Frauen, die Mithäftlinge und über das »Telefon«. Dazu pumpt man aus dem Zellenklo das Wasser raus, der andere Teilnehmer macht das auch, und dann kann man sich durch Klo und Abflußrohre prima unterhalten. Natürlich nur innerhalb des selben Traktes.

Nun war ich also fast zwei Monate Tag und Nacht allein mit mir selbst, und das ist sehr, sehr lange; da können Minuten zu Stunden und Stunden zu Ewigkeiten werden. Zumal die »objektive« Zeit von außen, also vom Feind, bestimmt wird: 10 Uhr abends: Licht aus; 6 Uhr morgens: Licht an; 7 Uhr: Klappe auf, Frühstück; 9 Uhr: Tür auf, 50 Minuten Hofrundgang; 12 Uhr Mittags: Klappe auf, Essen (Dampfkost); 3 Uhr nachmittags: Klappe auf, Tee mit Brot und Marmelade; 6 Uhr abends: Klappe auf, Tee mit Brot und Fleischwurst. Die schlimmste Zeit für mich war nach 6 Uhr abends. Da ging es dann rund in meinem Kopf, und wenn das Licht ausging, dann ging es noch viel wilder rund.

Trotzdem möchte ich diese Zeit und diese Erfahrung nicht missen. Schon weil ich jetzt weiß, was das ist: Knast. Weil ich in etwa Bescheid weiß über die härteste Strafmaßnahme, die Papa Staat gegenüber aufmüpfigen oder auch böswilligen Menschen aufzubieten hat. Außerdem war es für mich und mein Innenleben damals, nach dieser ziemlich extremen Kommunezeit, gar nicht so schlecht, mich eine gewisse Zeit lang nur mit mir selbst beschäftigen zu können. Was tat ich nun den lieben langen Tag? Ich schrieb eine ganze Menge, erst Tagebuch auf Klopapier, dann Briefe: an Christl (keine Antwort), an meine Eltern (mein Vater bedeutete mir in seiner Antwort, ich sei ab jetzt nicht mehr sein Sohn) und an Pauline Oliveros, meine sehr geschätzte und mir befreundete

ehemalige Lehrerin (sie war in ihrer Antwort der Meinung, ich hätte im Zuge der gesellschaftspolitischen Auseinandersetzungen meine kulturelle Verantwortung fallengelassen). Dann begann ich zu lesen, vor allem Erdkundebücher und Karl May, und verstärkt meine Hatha-Yoga-Übungen zu machen, worüber sich die »Wachteln«, das Bewachungs-Personal, die sich das anfangs gerne durch die Klappe bzw. den Spion ansahen, stets lustig machten.
Schließlich begann ich einen Hungerstreik, weil ich raus wollte. Dieser Hungerstreik sprach sich umgehend in meinem Trakt herum, und die meisten Knackies konnten das absolut nicht verstehen. Aufhören zu essen: Bist du bekloppt? hieß es. Die Wachteln kapierten natürlich auch nichts. »Sind Sie krank?« Ich hatte mir, um länger durchzuhalten, beim letzten Einkaufen vor dem Hungerstreik ein paar Tafeln Schokolade, zwei Kilo Äpfel sowie, wegen der Vitamine, ein Kilo Zwiebeln gekauft und im Schrank versteckt. Die teilte ich mir anfangs in kleinen täglichen Rationen zu, bis die Wachteln nach ein paar Tagen dahinterkamen und mir, bis auf die Zwiebeln und etwa drei Äpfel, alles wegnahmen. Jetzt mischte ich für die nächsten Tage die Zwiebeln mit den Äpfeln, dann aß ich nur noch Zwiebeln (das war die Härte!) und danach machte ich dann wirklich puren Hungerstreik. Nach etwa einer Woche war ich völlig aufgelöst, hatte ständig Halluzinationen, machte keinen Hofrundgang mehr mit und stand so gut wie gar nicht mehr vom Bett auf. Eck und Benedikt waren mittlerweile ebenfalls in den Hungerstreik eingetreten. Der ganze Knast wußte darüber Bescheid, und in Köln hatten unsere Freunde Charly und Karin ein Flugblatt zu unseren Gunsten verfaßt und verteilt. Nun wurde ich plötzlich besucht, erst von der Gefängnisverwaltung, dann vom Pastor, und schließlich vom Gefängnispsychiater, der mir bedeutete, wir würden jetzt zwar bald rausgelassen, aber ich solle doch, bitte schön, jetzt wieder anfangen zu essen.

Das tat ich denn auch – es schmeckte gar nicht gut –, und drei, vier Tage danach standen wir vor den Gefängnistoren und fielen uns in die Arme.

Kleingeld statt Scheingeld

Monika, Gaby und Boris waren unterdessen bei den Restbeständen einer Landkommune in der Nähe von Hersbruck bei Nürnberg untergekommen. Dort zogen Benedikt, Eck und ich nun auch hin. Sie lebten in einem großen Hopfenbauernhaus mit drei oder vier Dachböden, die zum Teil vollgestellt waren mit Autoschrott. Zu der Zeit dealten die beiden Jungs, Wolfgang und Rudi, mit Gebrauchtautos; sie kauften die Schrottplätze in der Umgebung auf, nahmen die Autos auseinander, lagerten die noch verwertbaren Motor- und Karosserieteile ein und ließen den Rest verschreddern. Unten im Haus gab es eine große Werkstatt, in der man sich sein Auto selber reparieren konnte und also nur die Werkstattbenutzung plus eventueller Ersatzteile – die ja massenhaft vorhanden waren – zu bezahlen brauchte. Das war eine tolle Sache, und wir arbeiteten anfangs auch fleißig mit beim Autoabschleppen und -auseinandernehmen. Hin und wieder fuhren wir nach Nürnberg 'rein und spielten in Szene-Kneipen auf Sammelbasis. Ich für mein Teil tat noch ein weiteres und fuhr nach Erlangen – vor Nürnberg hatte ich Bammel –, stellte mich mit meiner Geige dort auf die Straße, fiedelte den Leuten stundenlang etwas vor und kam dann regelmäßig mit etwa fünfzig Mark nach Hause zurück.

Das war für mich der eigentliche und entscheidende Einstieg in das Straßenmusikerdasein. Damit hatte ich die Straßenmusik für mich als Beruf entdeckt: Kleingeld statt Scheingeld. Allein, aber nicht einsam. Selbständig und frei, man kann kommen und gehen, wie man will. Die Zuschauer und Zuhö-

Mit Jürgen auf der Schildergasse (1974)

rer können löhnen oder auch nicht, und auch wieviel immer sie wollen. Und mein Job ist, daß es ihnen gefällt. Und mir selbst auch, denn sonst ist es auf Dauer nicht durchzuhalten. Also eine harte, aber eine klare, ehrliche und unaufwendige Sache. Man ist nix Besseres oder Schlechteres als jeder andere Mitmensch auch. Man braucht keine Werbung für sich zu machen, man muß die Menschheit nicht irgendwo hinlocken, um sein Produkt zu verkaufen. Man geht einfach dahin, wo sich die Menschheit in Massen tummelt: Auf den Basar, in die Fußgänger- und Einkaufszonen.Da allerdings hat man meistens einen hartnäckigen Feind – das Ordnungsamt. Und wenn man erfolgreich ist, wenn man also viele Leute »zieht«, dann hat man auf Dauer die Geschäftsleute ebenfalls gegen sich. Von neidischen Kollegen ganz zu schweigen. Das ist aber immer noch tausendmal besser, meine ich, als der normale Weg über Karriere oder Anstellung.

Wir lebten also wieder in einer Kommune, diesmal allerdings eher gezwungenermaßen, und obwohl wir hätten dankbar sein müssen, daß die Hersbrucker uns so selbstverständlich aufgenommen hatten, litt zumindest ich auf die Dauer unter der düsteren Atmosphäre, die dort herrschte. Außerdem kriegte ich Sehnsucht nach meinen Kindern. Mittlerweile kam ich mit Christl wieder soweit klar, daß sie mir die Kinder für ein paar Wochen rüberschickte. Aber das war den Leuten in Hersbruck denn doch zuviel, und es gab eine Menge Streß zwischen uns. Christl und Thomas lebten zu der Zeit ebenfalls in einer Landkommune in Eichhof, in der Nähe von Köln, und ich liebäugelte mehr und mehr mit dem Gedanken, ebenfalls dorthin zu ziehen. Christl war einverstanden, aber meine Freundin Gabi wollte nicht. Schließlich fuhr sie dann doch mit, aber nach vierzehn Tagen war es aus: Sie fuhr zurück nach Hersbruck, und ich blieb in Eichhof. So löste sich denn die Restgruppe endgültig auf: Eck, Monika und Benedikt zogen nach Berlin ins berühmte Rauch-Haus,

Gabi blieb in Hersbruck, und ich siedelte über nach Eichhof. Also wieder ein Ende, aber auch ein neuer Anfang.
Eichhof lag im Bergischen Land bei Kürten. Es war ein relativ neuer, geräumiger Bungalow, in den Hang hineingebaut, sehr schön am Wiesen- und Waldhang gelegen, bewohnt von etwa einem Dutzend Kölner Freaks, die viel kifften und wenig Geld hatten, dafür aber meistens gute Laune. Also keine schlechte Kombination – solange man die Miete bezahlen kann. Das Haus hatte, möchte ich sagen, drei Zentren: einen sehr schönen und großen, zum Südhang hin offenen Raum mit einem schlecht funktionierenden offenen Kamin in der Mitte. Da wohnten Christl, Thomas und die drei Kinder. Ein Stockwerk drüber, zur anderen Seite hin offen, lag noch ein großer Raum, da wohnten Jupp, seine Freunde und der Fernseher. Und drittens das Bad: es war geräumig, schwarz gekachelt, mit einer großen, rosa Wanne und einer Dusche mit sieben Duschköpfen. Man konnte sich also theoretisch von allen Seiten gleichzeitig duschen, sogar von unten. Nur versagte der Wasserdruck kläglich, wenn alle Köpfe aufgedreht waren. Aber lustig war's auf alle Fälle. Ansonsten gab's natürlich noch ein paar Zimmer für die anderen Mitbewohner, die teilweise auch schon Stammgäste im Tabernakel gewesen waren, und in einem dieser Zimmer kroch ich unter. Das war Mika's Zimmer, das er dann mit mir teilte. Heute meine ich, daß einer der wichtigsten und positivsten Aspekte der damaligen Zeit der gewesen ist, daß man sich bei der Suche und Realisierung einer neuen Lebensform durch Mißerfolge nie so weit entmutigen ließ, daß man dieses Vorhaben ganz aufgegeben hätte. Bei vielen, die ich von jener Zeit her kenne und mit denen ich zusammenlebte, ist das so geblieben. Es muß also doch wohl etwas dran sein an den Utopien vom besseren Leben, die man damals zu verwirklichen versuchte. Beim Jupp toben heute immer noch jede Menge Leute rum. Mika ist irgendwann mal nach Australien

ausgewandert und lebte dort in einem Hippie-Dorf und danach bei den Aborigines, und auch wir, Thomas, Christl und ich, lebten und leben, zwar mehr bedingt durch die Kinder, familienmäßig orientiert, doch immer offen für Mitbewohner auf Kommunebasis, oder zumindest wohngemeinschaftlich. Das haben wir bis heute beibehalten.
Auch Eichhof war mehr eine Wohngemeinschaft. Jeder lebte seinen eigenen Stiefel, was o.k. ist, solange es funktioniert. Ich fuhr zwei- bis dreimal pro Woche nach Köln und fiedelte dort auf Schildergasse oder Hohe Straße meine weiterhin zweieinhalb englischen oder vielmehr irischen Lieder in allen möglichen Varianten. Aber das befriedigte mich auf die Dauer keineswegs. Doch mußte wieder etwas Einschneidendes passieren, bevor sich dabei etwas änderte. Und das – es muß um 1973 herum gewesen sein – geschah dann auch. Ich sollte Markus, das mittlere meiner damals drei Kinder – er war vielleicht vier Jahre alt –, zu Oma und Opa nach Bünde bei Bielefeld bringen, hatte aber kein Geld und meinte: Kein Problem, Trampen ist angesagt. Kurz vor Essen kamen wir dann aber absolut nicht weiter, und nach stundenlangen Versuchen in staubigster Hitze gab ich auf und fuhr nach Essen hinein in die Fußgängerzone. Dort setzte ich Markus auf eine Bank, packte meine Geige aus und fiedelte in altbekannter Manier der Menschheit einen vor. Die Menschheit dort war recht angetan von meinem Tun, im Kasten sammelten sich die Silberlinge, und alle waren bester Laune.
Gut gelaunt war auch ein Berber, der zuerst nur mitsang, der dann aber, zur Wonne aller Umstehenden, Striptease machte. Darauf hatte mancher wohl doch gewartet, denn die Polizei wurde gerufen und kam auch gleich mit einem VW-Bus und vier oder fünf Beamten. Sie hielten den in Unterhosen dastehenden Penner fest und markierten den starken Mann. Aber der Berber bückte sich plötzlich blitzschnell, packte seine Sachen und rannte wie ein geölter Blitz davon. Die Bullen zu

zweit sportlich hinterher. Die anderen wandten sich jetzt mir zu, der ich zuvor versucht hatte, die Bullen darauf hinzuweisen, daß der Berber doch wahrlich kein Verbrechen begangen hatte. Mitkommen, hieß ihre Parole, und meine hieß: Njet. Dann folgte das übliche Spiel, sie versuchten also, mich in den VW-Bus zu zwingen. Das klappte aber nicht, vor allem weil mein Söhnchen, der Markus, auf seiner Bank saß und vor Angst und Schrecken herzzerreißend heulte. Die Bullen glaubten mir nicht, daß das mein Sohn war, und so hielt ich also in meiner Verzweiflung meine erste knallharte agitatorische Rede an die mittlerweile massenhaft Herumstehenden. Das Ergebnis war, daß nun das Volk zu meinen Gunsten eingriff. Als ich nämlich endlich ohne Markus in der Wanne saß (die damals noch »Grüne Minna« hieß), machte das Volk die Straße dicht, und der Polizeiwagen konnte weder vor noch zurück. Ich wollte natürlich wieder raus aus dem Auto – der Teufel war los. Schließlich glaubten mir die Bullen, und Markus wurde auch ins Auto verfrachtet. Und da mittlerweile eine ganze Kompanie Polizei eingetroffen war, konnte der Fahrer endlich nach etlichen Vor- und Rückwärtsversuchen aus diesem Kessel raus. Im Präsidium wurden wir zwei dann erst mal stundenlang überprüft, aber sie konnten nix machen. Mein Sohn war nun mal leider mein Sohn; mich einzuknasten getrauten sie sich auch nicht, denn mein Sohn saß neben mir und wich nicht von meiner Seite. So blieb es also bei verbalen Beleidigungen ihrerseits und natürlich einer Anzeige wegen Widerstand.

Man versucht ja nachträglich gerne, Geschehnisse irgendwie schlüssig in sein jeweiliges Weltbild einzuordnen. Wenn ich jetzt also sage: Dieses Erlebnis hat mir eine wichtige Erkenntnis vermittelt, so mag es schon sein, daß ich diese Erkenntnis damals so präzise gar nicht hatte, wie sie sich mir jetzt darstellt. Die Erkenntnis nämlich, daß man gegen die staatliche Gewalt nichts machen kann ohne die Sympathie und schließlich auch die aktive Teilnahme des Volkes. Diese Tatsache hat sich gerade in meinem Fall immer wieder klar bewiesen, zumal wenn man meine späteren Auseinandersetzungen mit der Polizei, dem Ordnungsamt und der Justiz in Köln und anderswo betrachtet. Wenn die Bevölkerung auf der Schildergasse nicht immer wieder mit zunehmender Klarheit für mich Partei ergriffen hätte, dann wäre ich elendiglich untergegangen.

Aber was ist das: das Volk? Ich hatte ja immer noch nur eine recht begrenzte Erfahrung mit der Menschheit um mich herum. Ich war im gutbürgerlichen Kulturkreis aufgewachsen, hatte mal kurz in die Hippie-Szene – die ja auch hauptsächlich von der bürgerlichen Seite herkommt – reingerochen, und meine Kenntnisse über die Arbeiterklasse etwa rührten hauptsächlich von Marx-, Engels- und Mao-Broschüren her. Es fehlte mir die praktische Erfahrung, und da ich mittlerweile absolut keine Ambitionen mehr hinsichtlich einer bürgerlichen Musikerkarriere hegte, nahm ich mir vor, arbeiten zu gehen. Das war Mitte der siebziger Jahre. Da ich keine Ahnung hatte, wie man sich einen Arbeiterjob sucht, gestaltete sich meine Arbeitssuche komplizierter und erfolgloser, als ich mir das gedacht hatte. Ich hatte ja nicht nur »nichts gelernt«, sondern hatte auch kein einziges Papier vorzuweisen – außer meinem Personalausweis mit einem adeligen Namen drin. Wo immer ich mich also vorstellte und bewarb, wurde ich wieder weggeschickt.

Schließlich landete ich beim »Schnelldienst« in Köln-Deutz, einer Art Tagelöhner-Vermittlung, und das war der echte Härtetest für einen Einstieg in die heile Arbeitswelt. Aber für mich, der ich die Gesellschaft von »ganz unten« kennenlernen wollte, war's andererseits auch ideal. Jeden Morgen um halb sechs stand ich auf der Matte, jeden Tag ein anderer Arbeitsplatz und eine andere Mannschaft, die nach drei Stunden schon ziemlich knülle war und von allen, auch von den regulären Arbeitern, verachtet und gemieden wurde. Es war aber auch faszinierend für mich, und oft genug höchst amüsant. Wir hatten nichts zu verlieren, und das war unsere Stärke. Ich kann mich zum Beispiel an so einen typischen Job im Niehler Hafen erinnern. Wir sollten Lupolen-Säcke schleppen, 25 Kilo das Stück, aus einem LKW in die Lagerhalle, den ganzen Tag. Unsere Kolonne war etwa zehn Mann stark, und unser Vorarbeiter – der war natürlich von der Spedition –, klotzte erst mal mächtig ran, um uns auf Touren zu bringen, und das klappte anfangs sogar ganz gut. Bis wir dann merkten, daß wir die ganze Maloche machten und die anderen, die Festangestellten, mehr oder weniger zuguckten. Daraufhin wurde unser Arbeitstempo plötzlich ungeheuer langsam und unser Vorarbeiter, der mittlerweile nur noch den Aufseher spielte, ungeheuer wütend. Dafür wurden wir ungeheuer argumentierfreudig, was die Gerechtigkeit und die Lohnunterschiedlichkeit und den Sinn der Arbeit angeht. Also zog sich die andere Seite erst mal zurück. Nun begannen die LKW-Fahrer zu motzen, weil sie nicht den ganzen Tag im Hafen rumstehen wollten, denn mittlerweile warteten schon fünf LKWs hintereinander, und alle sollten natürlich bis zum Abend ausgeladen werden. Daraufhin war erst mal Mittagspause angesagt, und die ist ja bekanntermaßen für alle heilig.

Danach startete unser Vorarbeiter wieder in altbewährter Weise, aber es half nichts. Unsere Kolonne hatte richtig Gefallen aneinander und an der Situation gefunden, und wir wußten auch, daß man uns nicht nach Hause schicken würde, denn dann hätte man die ganze Kolonne nach Hause schicken müssen. Zumal wir ja zwischendurch auch »arbeiteten«, aber eben fröhlich und gemütlich. Jetzt kam ein LKW-Fahrer und wollte uns einen Kasten Bier ausgeben, falls wir seinen LKW binnen einer Stunde leer hätten. Das wiederum stiftete Verärgerung bei den Arbeitern der Spedition, die unterdessen

ziemlich verwirrt oder böse herumstanden. Es war ein knallhartes Spiel. Die Sache endete dann damit, daß alle wütend und verbissen mitanpackten; so kriegten wir die LKWs dann doch noch leer. Zumal sich am Schluß noch etwas für mich Unglaubliches ereignete: Ein Typ aus unserer Kolonne, der schon von morgens an besoffen war und eigentlich den ganzen Tag nur in der Gegend herumstand, -saß oder -lag, der kriegte etwa eine halbe Stunde vor Feierabend einen ungeheuren Rappel, schrie schlimmer rum als der Vorarbeiter, beschimpfte uns und begann wie ein Berserker zu malochen. Innerhalb kürzester Zeit hatte dieser Mensch nahezu allein anderthalb LKWs entladen, und wir anderen waren alle so fasziniert von seinem Tun, daß wir sozusagen über's Zuschauen nicht hinauskamen. Als sein Anfall dann vorüber war, sackte er buchstäblich am Hafenzaun zusammen und war nicht mehr wachzukriegen. Und ich meine mich noch erinnern zu können, daß wir danach alle mit einer gewissen Hochachtung voreinander auseinandergingen.
Mittlerweile wohnte ich wieder in Köln. Die Landkommune hatte die teure Miete für den schicken Bungalow nicht mehr aufbringen können und war auseinandergegangen, und ich zog zusammen mit Christl, Thomas und den drei Kindern in eine 53 qm-Wohnung mit zwei Zimmern, Küche, Diele, Bad zurück in die Südstadt, nur ein paar Meter vom ehemaligen Tabernakel entfernt. Diese Wohnung war schon für uns relativ eng – es handelte sich um eine Art Wohnschlauch, wobei das erste Zimmer eine Wohnküche, das zweite ein Wohnschlafzimmer und das dritte ein Kinderschlafzimmer war. Trotzdem brachte ich in meiner Sucht nach Bekannt-, Freund- und Liebschaften immer mal wieder zusätzliche Leute mit, Männer und Frauen, die dann manchmal auch eine Weile dablieben. Dennoch hielten wir es in dieser Wohnung mehr als vier ereignisreiche Jahre miteinander aus.

Arbeit und Straßenmusik

Ich fuhr jetzt zweigleisig. In der Woche war ich Arbeiter, denn irgendwann hatte ich doch einen regulären Arbeitsplatz als Bauhelfer bei der Firma Brauckmann & Söhne für 6,50 DM die Stunde; und am Wochenende war ich Straßenmusiker auf der Schildergasse. Dort verpackte ich dann meine gesellschaftspolitischen Ansichten und Absichten in ziemlich knallharte, meist auch witzige Lieder mit einfachen, fast Kindermelodien und wurde damit als »Bröllheini vun d'r Schelderjaß« bald zu einer auffallenden Erscheinung. Denn um auf der Straße akustisch durchzukommen, mußte ich natürlich brüllen statt zu singen und die Geige schlagen statt sie zu streichen. Damit das Instrument dabei nicht kaputtging – was natürlich trotzdem oft genug passierte –, spielte ich mit einem Rundbogen an Stelle des normalen Geigenbogens. Diese Eigenarten – Brüllen und Geigeschlagen – wurden sozusagen mein Markenzeichen. Das erweiterte Markenzeichen »Klaus der Geiger« entwickelte sich dann wohl mehr über die Auseinandersetzung mit der Geschäftswelt, dem Ordnungsamt, der Polizei und Justiz. Denn meine Art Straßenmusik darf man sich eben nicht so vorstellen, daß ich mich in die Fußgängerzone stelle und Bob Dylan oder La Paloma schmettere. Ich singe fast nur meine eigenen Lieder, teilweise mit zusätzlich spontan improvisierten Texten. Diese Lieder haben meistens aktuelle Geschehnisse und deren politisch-gesellschaftliche Einschätzung oder auch persönliche Erfahrungen, Sehnsüchte, Erlebnisse und deren möglichst allgemeinverständliche Aufarbeitung zum Thema. Bei Wortwahl und Musik bemühe ich mich um größtmögliche Einfachheit und Dichte, weil mir auf der Straße alle Gesellschaftsschichten zuhören, vom Berber bis zum Ratsherrn, vom Sozialfall bis zur Millionärsgattin. Ich richte mich also nach dem kleinsten gemeinsamen Nenner, und der ist immer noch: das Einfache.

Deshalb können meine Lieder – zumal sie, vom Hit-Standpunkt aus, zu lang sind –, schnell monoton wirken (meist sind nur zwei bis drei Akkorde drin), besonders wenn ich nicht die nötige Power und das richtige Engagement für die Sache aufbringe, um die es jeweils geht. Deswegen steht und fällt meine Straßenmusik mit dem Engagiertsein, weswegen es auch relativ einfach für mich war, gute Straßenmusik zu machen, solange Polizei und Ordnungsamt mich jagten. Denn Engagement ist in einer Kampfsituation sehr viel einfacher zu erkennen und zu beweisen als im »Frieden«, mag der auch noch so faul sein. Heute, wo Freunde und Helfer mir nicht mehr in dieser Weise »helfen« – allerdings bin ich nie wirklich scharf darauf gewesen –, ist das Überbringen meines Anliegens viel komplizierter. Abgesehen von den klaren Freund-Feind-Situationen fehlt's außerdem ganz allgemein an Skandale-Randale für's Volk und die Medien. Darüber bin ich oftmals so frustriert, daß ich die Straßenmusik am liebsten drangeben möchte. Andererseits kenne ich aber keinen größeren Moment als den, wenn sich die Passanten durch meinen oder unseren Liedvortrag als Menschenbrüder und -schwestern empfinden – egal, wieviel Geld sie nun besitzen oder was sie vorher oder hinterher gemacht und gedacht haben. Da bin ich nicht mehr der Penner oder der große Zampano, sondern einer von »uns«. Aber natürlich auch Klaus der Geiger, klar. Dieses Wort steht für eine Art Liebesverhältnis, beiderseits. Deswegen gehe ich auch immer wieder hin, auf die Straße.

Nach etwa einem halben Jahr holte ich mir meine Papiere von der Baufirma ab. Bauhelfer war für mich auf die Dauer doch nicht ganz das Wahre. Aber für wen ist es das schon! Nun war ich also wirklich von Beruf – also was das Geldverdienen anbetraf – Straßenmusiker. Und das ist natürlich sehr hart. Denn auch wenn man noch so erfolgreich ist, man kriegt halt immer nur Kleingeld, und das heißt: wenig. Wenn

ich alleine die Familie hätte ernähren müssen, dann hätte ich jeden Tag von morgens bis abends spielen müssen, und das geht nicht, wenn es interessant und ehrlich bleiben soll. Aber das war zum Glück nicht nötig, denn Thomas arbeitete als Schichtarbeiter bei Wacker-Chemie und kriegte gutes Geld. Bis die Firma in die Luft und er dabei beinahe draufging – aber das ist eine andere Geschichte.
Zusätzlich begann ich noch, abends Kneipen zu »machen« – in denen ich ja sowieso oft genug war –, und das ging etwa so: Ich komme mit Geige rein, Kneipe gut voll, ich steige auf einen Stuhl und brülle: »Eh, Leute, soll ich mal einen spielen?« Das Volk schreit: »Ja, mach!« Der Wirt macht im Zweifelsfall gute Miene zum bösen Spiel und stellt die Musik ab. Ich hole also die Geige raus, steige noch mal auf den Stuhl – das war wichtig – und brüll-brüll, kratz-kratz, ab geht die Post. Das Volk, begeistert, schreit: »Zugabe!« Also kriegen sie noch eine Zugabe, dann gehe ich sammeln, mit dem Geigenkasten, und dann raus – in die nächste Kneipe. Nach drei oder vier Stationen hatte ich meine 120 bis 150 Märker zusammen und nutzte meistens die letzte Kneipe dazu, mich gut vollaufen zu lassen. Letzteres ist natürlich die leichteste Übung – dem Musiker gibt man gerne einen aus – und wird von allen Beteiligten, einschließlich dem Wirt, gern gesehen. Aber für mich hatte das auf die Dauer doch ziemlich katastrophale Folgen. Wenn mein Körper nicht mit Krankheit und zeitweiligem Zusammenbruch reagiert hätte, wäre ich zum Alkoholiker geworden. Ich kriegte aber noch mal die Kurve und gab die Kneipenspielerei dran.
Auf der Straße hatte sich die Situation für mich unterdessen verändert. Abgesehen von den immer härter werdenden Scharmützeln zwischen der Obrigkeit und mir, spielte ich mittlerweile auch nicht mehr alleine. Ich hatte diverse Kollegen bekommen, und die waren absolut nicht ohne. Mein erster Kollege war Jürgen, damals noch schlank und rank, spä-

ter als der »Dicke Jürgen« bekannt, 'ne Kölsche Jung aus der Neurather Siedlung, ehemals bei den Horlas, danach schon mal bei mir in Eichhof, später dann bei uns zu Haus in der Mainzer Straße; er war mindestens sechs Jahre bei den »Kölner Straßenmusikern«. Jürgen konnte, vom Fachlichen aus betrachtet, anfangs so gut wie nichts. Weder Gitarre spielen noch sonst etwas Spezielles. Aber er konnte, wie fast alle Horlas, wunderbar Musik machen, mit was auch immer, und wenn es eine Bierflasche war. Außerdem war er das reinste Energiebündel. Wir fühlten uns von Anfang an zueinander hingezogen, und so spielte er auf der Straße einfach mit, erst mit dem Tambourin und dann mit der Gitarre, was nicht schwer war, denn meine Lieder – bis heute an die tausend Stück – hatten und haben höchstens zwei oder drei Akkorde. Jürgen hatte aber ein ungeheuer intensives Lernbedürfnis, und so konnte er in Null-Komma-Nix richtig faszinierend Gitarre spielen und singen – und das auf eine ganz eigene Art! Irgendwann war ihm auch das nicht mehr genug, und er lernte, nur durch Abgucken, meine Art Geige zu spielen und dazu zu singen. Dann fing er an, tolle Lieder zu schreiben, die einem durch und durch gingen. Ganz am Schluß seiner Straßenmusikerkarriere machte er sich selbständig und zog als fiedelnder Straßenbarde durch Deutschland.

Anfangs war er recht erfolgreich. Doch dann holte ihn ein Jugendtraum ein, und er kaufte sich ein dickes Motorrad. Das bedeutete natürlich, nun »richtig« Geld verdienen zu müssen, also machte er erst mal einen LKW-Führerschein und wurde Speditionsfahrer. Als solcher ist er dann ganz unglückselig zu Tode gekommen. Er wurde von seiner eigenen, plötzlich abrutschenden Ladung aus schweren Bandeisen erschlagen.

Was mich, als einen von der bürgerlichen Moral geprägten und in vieler Hinsicht verkorksten Menschen, an Jürgen so faszinierte, war seine Fähigkeit, all das zu tun, wozu er ge-

rade Lust hatte, wobei er die Mächtigkeit und Schlauheit eines Erwachsenen mit der Naivität und Offenheit eines Kindes zu verbinden in der Lage war. Wenn er Appetit hatte, dann aß er, und zwar gewaltige Mengen; wenn er geil war, dann vögelte er; wenn er müde war, dann schlief er; wenn er Fernweh hatte, dann trampte er durch die halbe Welt – und zu alledem brauchte er weder besonders viel Geld noch irgendwelche anderen Ausrüstungsgegenstände. Aber natürlich brauchte er Menschen, die auf ihn eingingen. Einer davon war manchmal ich.
Ich kann mich gut an ein Zusammentreffen mit ihm in München erinnern. Zu dieser Zeit, es war in den späten Siebzigern, hatte ich, wie es öfters bei mir vorkommt, mal wieder den Moralischen. Ich war frustriert von der Straßenmusik und dem Volk, das mich nicht so recht zu würdigen wußte, wenn ich ihm nicht immer wieder durch irgendwelche Provokationen sozusagen ein Bein stellte, und so ließ ich mich von einem Produzenten, Janusz Krist, überreden, eine Schallplatte zu machen. Wir fuhren also zusammen nach München ins Studio, arbeiteten zwei Tage lang intensiv und hatten die Aufnahme im Kasten. Die Zusammenarbeit war prima, menschlich klafften allerdings Welten zwischen uns. Das zeigte sich besonders, als ich nach Beendigung der Arbeit die »Kollegen« bat, bei einem von ihnen übernachten zu dürfen, weil ich mich seit meiner Kindheit schon vor Hotels ekle. Da hatte plötzlich, trotz der tollen Zusammenarbeit, keiner Platz und Bock auf mich. Also verabschiedete ich mich von der rauschenden Party, die man mir zu Ehren gegeben hatte – alle Beteiligten waren überzeugt, daß diese Scheibe ein Hit werden würde –, und stand nachts um halb drei irgendwo in Schwabing auf der Straße, wütend auf das ganze Studiomusikergesocks.
Zu allem Überfluß begann es auch noch zu schneien. Ich war hundemüde. Also schlurfte ich mißgestimmt die Leopold-

straße entlang und legte mich irgendwann schließlich in einen dieser Streukästen, in denen der Streusand gegen Straßenglätte aufbewahrt wird, um zu versuchen, eine Runde zu schlafen. Das gelang mir aber nicht recht, denn auch das muß gelernt sein, und so zockelte ich denn allmählich Richtung Hauptbahnhof. Als Mixtur zwischen Schallplattenstar und Penner fühlte ich mich doch ziemlich fragwürdig, auf jeden Fall war ich einsam und kam mir im morgendlichen Großstadtgetriebe vor wie ein Wesen vom anderen Stern. Da kam Jürgen: Wie eine gute Fee oder eine Rettung stand er plötzlich vor mir, laut und lebensfreudig, auf dem Weg nach irgendwohin, egal wohin. Wenn das Wetter nicht so schlecht gewesen wäre (und ich nicht so ängstlich), dann wären wir Richtung Süden gezogen; so blieben wir noch ein paar Tage in München, übernachteten in irgendwelchen Ruinen und trampten dann zurück nach Köln. Auf diese Weise hat mich Jürgen eigentlich vor der Vereinnahmung durch die Rockmusikindustrie bewahrt, denn danach war ich sozusagen geheilt und mit all meiner Power wieder Straßenmusiker. Zum Entsetzen meines Produzenten, der ja ohne meine Mitwirkung die Schallplatte nicht verkaufen konnte. Und das war wirklich eine sehr gute Platte, sage ich euch!

In der Anfangsphase meiner Straßenmusikerzeit gab es zwei weitere bemerkenswerte »Kollegen«, Fliege und Waschbrett-Slim. Beide waren, glaube ich, ausgebildete Einzelhandelskaufleute, aber nach der Lehre bereits endgültig vom bürgerlichen Erwerbsleben geheilt und ausgestiegen – bis heute. Fliege ist Techniker und Mädchen für alles im Urania-Theater, Waschbrett-Slim ist Schrotthändler. Damals, also etwa 1976, waren sie beide mit Leib und Seele Straßenmusiker. Zu der Zeit wurde sehr viel Hillbilly gemacht, und natürlich Blues. Der Groove und Stil unserer Musik – abgesehen von meinen Liedern, die ich mittlerweile stetig und ständig produzierte, und von meiner speziellen »Schlagtechnik«, mit der ich sie begleitete – richtete sich meist nach dem jeweiligen Gitarristen in der Band. Bei Fliege war es ein gemütlicher und launiger Westernsound, bei Jürgen ein weiträumiger und klangstarker 12-Saitensound, und bei Kurti, dem Dritten im Gitarrerobunde, war eher ein sensitiver Rock- und Latinogroove angesagt. Kurti war Mitglied der »Zollstock-Family«, wir waren Kommunebrüder schon seit Tabernakels Zeiten. Manchmal spielten die drei auch zusammen, das war aber schwierig und gab oft Anlaß zu teilweise recht harten Auseinandersetzungen, die dann bei »Lydia«, unserer Stammkneipe in der Schildergasse, bei gehörigem Bierkonsum lautstark ausgetragen wurde. Das endete meistens damit, daß wir noch einmal rausgingen und ein traumhaftes Finale zustandebrachten.

Mit dieser Gruppe, vor allem mit Kurti und Jürgen, habe ich etliche Lieder zusammen gemacht, z. B. das Stadtindianer-Lied oder den Stadtautobahn-Blues. Die Stadtautobahn sollte über die Zoobrücke in den Grüngürtel hinein verlängert werden, alle Schrebergärten wurden plattgemacht, die Anwohner wurden nicht gefragt, viele waren sauer. In den Kampf dagegen haben wir uns sehr engagiert eingeklinkt. Ein anderes Lied war ein launiger Bericht über eine Polizeirazzia im »Kabäuschen«, unserer Stammkneipe am Ubierring – »Juppheidi, Juppheida, im Kabäuschen Razzia«-, mit anschließender Schlägerei und Verhaftung, die eine höchst amüsante Gerichtsverhandlung nach sich zog, die von unserem brillianten Verteidiger Detlef Hartmann »geleitet« wurde.

Wir sagen Ja zum SSK!

Kneipenparadies der 70er Jahre! Unsereiner war ja damals sehr auf Kommunikation gepolt, und wenn es zu Hause mal zu stressig wurde, dann trafen wir uns in der Kneipe um die Ecke, eben im »Kabäuschen«. Das hieß erst »Beim Franz«, weil der Wirt Franz hieß, ein stets freundlicher, großer, alter Mann, ehemals Berufsboxer, der wenig redete, aber dennoch die Atmosphäre in seiner Kneipe bestimmte. Irgendwann Mitte der siebziger Jahre übergab er die Kneipe an Brigitte, die schon vorher bei ihm angestellt gewesen war, und die war die reinste Betriebsnudel, stets fröhlich und lustig, durch und durch rund. Klar, daß die Kneipe immer voll war. Wenn Brigitte mal nicht konnte oder wollte, ließ sie sich gern von ihrem Mann vertreten, Volker; das war nun wiederum ein sehr ruhiger, sanfter, lieber und freundlicher Mensch, Schichtarbeiter bei Ford, und auch er ließ uns im Grunde machen, was wir wollten. So gingen wir vorzugsweise durch die großen Fenster aus und ein, zofften uns oder knutschten, wie's gerade kam, führten unsere persönlichen und zeitweise knallharten Auseinandersetzungen auf neutralem Boden und unter stetiger Alkoholzufuhr, wobei es wohl auch schon mal zu Kloppereien kam und – was man heutzutage gar nicht mehr kennt, außer im Karneval – wir tanzten viel zur Musik-Box. *Hit the road, Jack, don't you come back no more* war bezeichnenderweise der meistgetanzte und meistgesungene Titel.

Wir Straßenmusiker packten im Kabäuschen öfter unsere Instrumente aus und machten Session, wenn wir uns nach dem Straßenjob die Hucke vollsoffen. Einmal gab's die erwähnte Razzia im Kabäuschen. Da war so ein kluges Köpfchen vom Polizeipräsidium auf den Gedanken gekommen, uns 30 Polizeischüler auf den Hals zu hetzen – offiziell wegen Jugendgefährdung und Drogenmißbrauchs, in Wirklichkeit aber, wie sich später herausstellte, zu Schulungszwecken. Die kamen rein und wollten Ausweiskontrolle machen, und los ging die Sause. Ich kann mich an Waschbrett-Slim erinnern, der an der Theke stand, schon ziemlich abgefüllt; sofort auf

hundert, schubste er einen Bullen quer durchs Lokal und schrie: »Pack mich nit aan, du Aaschloch!« Das konnte natürlich nicht gutgehen, und im Handumdrehen war der halbe Waidmarkt zur Stelle, zumal sich die ganze Klopperei auf die Straße verlagerte. Die Fenster standen ja sperrangelweit offen, und einige hatten es nötig abzuhauen – aber nicht durch die Tür, denn da war Paßkontrolle! Auf dem Ubierring kamen den Polizeischülern dann die harten Jungs vom Waidmarkt zu Hilfe. Ich zum Beispiel wurde bei dem Versuch, meinen Kollegen Kurt aus dem Polizeigriff zu befreien, von so einem Spezialisten mit einem gekonnten Wurf ein paar Meter durch die Luft geschleudert, landete am Kotflügel eines VW-Bullis und brach mir zwei Rippen. Nicht genug damit: Ich wurde auf den Rücksitz eines Zivil-Autos gequetscht, und weil ich das natürlich nicht wollte, setzte sich so ein Typ noch auf mich drauf. Zu guter Letzt gab's dann noch ein launiges Nachspiel vor Gericht, launig deshalb, weil unser Anwalt, Detlef, die Bullenaussagen gekonnt zerpflückte und so die ganze Sache der Lächerlichkeit preisgab (»So, also derjenige, der Sie in den Hintern getreten haben soll, hatte rote Haare, sagen Sie. Wie konnten Sie denn das sehen, haben Sie Augen am Hintern?«). Dem Richter blieb nix anderes als Freispruch übrig, zumal Detlef dann eben rauskriegte, daß das Ganze eine aus den Fugen geratene Polizeiübung war. Ich hatte mich allerdings anderthalb Monate mit zwei kaputten Rippen rumzuquälen.
Unsere Straßenmusikergruppe war relativ locker, eher anarchistisch gesinnt, und aus diesem Grunde war es problemlos möglich, auch mal andere Musiker hinzuzuziehen. Ich holte zum Beispiel gelegentlich meine eigenen Kinder dazu, die auf diese Art und Weise schon in jungen Jahren – Antje war 12, Markus 10, Oliver anfangs noch zu jung – ein prima Musiktraining verpaßt kriegten, ein idealer Ausgleich zur Waldorf-Schule. Kurti wechselte irgendwann einmal auf Alt-Sa-

xophon, und das beflügelte Markus, ebenfalls Saxophon zu lernen. Wenn wir Konzerttournee hatten – was immer öfter vorkam, denn wir lebten mittlerweile alle mehr oder weniger von unserer Musik –, dann kam auch Christl noch mit ihrer Geige dazu. Im Sommer zockelten wir zu fünft mit unserer gelb-blau-orangen 2-CV-Last-Ente, die ich aus vier Schrott-Enten zusammengeschraubt hatte, durch Österreich, die Schweiz oder Süddeutschland. Fünf Leute, die Instrumente und Schlafsäcke – alles in dieser Ente. Wenn wir ein- oder ausstiegen, war das jedesmal ein Anblick für die Götter! Tagsüber machten wir Straßenmusik – oder ließen es uns bei unseren Gastgebern gutgehen – und abends hatten wir unseren Auftritt in irgendeinem Jugend- oder Kulturzentrum oder auf einer Kleinkunstbühne. Das war eine tolle Zeit.
Einen Kollegen habe ich noch nicht erwähnt, den Toni. Mit ihm spielte ich ebenfalls, wie mit Kurt und mit Jürgen, eine ganze Weile im Duo. Wir haben beispielsweise eine sehr hübsche Schallplatte zusammen gemacht. Toni spielte und spielt Akkordeon und kam vom SSK. Das war eine Gruppe junger Sozialarbeiter, die sich für entlaufene Heimzöglinge und Trebegänger engagierte und es fertigbrachte, daß sich Hunderte von ihnen im SSK zusammenschlossen – SSK bedeutete damals: Sozialpädagogische Sondermaßnahme Köln – und sensationelle Aktionen wie Hausbesetzungen, Demos oder Arbeitsbeschaffungen durchführten. Als Straßenmusiker hatte ich viel mit diesen Jugendlichen zu tun und damit zwangsläufig nun auch immer stärkeren Kontakt zum SSK, der über »hauseigene« Pässe die Möglichkeit hatte, diese Jugendlichen, die größtenteils aus Heimen abgehauen waren, dem Zugriff der Polizei zu entziehen. Bei einer dieser Aktionen lernte ich dann auch Toni kennen. Er spielte sehr hübsch Akkordeon und hatte geradezu eine Engelsstimme, mit der er später, als mein Kollege, reihenweise das Volk verzauberte. Diese Stimme bannten wir, zusammen mit meiner rostigen

und mit Wilfried Wichmanns Kinderstimmchen, gleich auf die berüchtigte SSK-Maxi-Single, die fünfundzwanzigtausendmal gepreßt und verkauft wurde, wenn ich mich recht erinnere. Sie enthielt die Lieder »Wir sagen Ja zum SSK«, »Ich bin der Tycho aus Bielefeld«, »Die Katharina Focke« und »Hey, wir sitzen auf der Straße«, letzteres ein Lied des dreizehnjährigen Wilfried Wichmann und meines Freundes Christian Presch, den ich gleichfalls aus dieser Zeit her kenne. Toni also gehörte bald auch zu den »Glorreichen Sieben« – oder wieviel immer es waren – meiner ersten sieben Jahre Straßenmusik. Er brachte den Schmelz seiner Stimme und seines Akkordeonspiels mit ein, und das war für den erstaunlichen Erfolg, den wir hatten, nicht unerheblich.
Der SSK, der ja bis heute als »Sozialistische Selbsthilfe Köln« besteht, ist eine großartige Errungenschaft der frühen siebziger Jahre. Wer den Verein ursprünglich gegründet hatte, weiß ich gar nicht genau; eine Handvoll engagierter Sozialarbeitsstudenten war jedenfalls dabei, etwa Rainer Kippe und Lothar Gothe, aber auch Leute um die Zeitung »Ana-Bela«, wie der Schriftsteller Jens Hagen. Auch Walter Herrmann, der zusammen mit Jugendlichen in einem der ersten besetzten Häuser Kölns in der Kerpener Straße wohnte, und mit dem ich bis heute zu tun habe – beispielsweise anläßlich der »Klagemauer« am Dom – spielte da schon eine Rolle. Ich hatte, wie gesagt, zunächst Kontakt zu den Jugendlichen, die sich in immer größerer Anzahl im Kreis meiner Zuhörerschaft auf der Straße einfanden. Meistens waren sie abgehauen aus irgendwelchen Kinderheimen und Jugendknästen, um hier beim SSK Schutz und Hilfe zu finden. Es waren Hunderte! Ihr zentraler Aufenthaltsort war natürlich – und ist es immer noch – die Domplatte und der Hauptbahnhof.
Ich kann mich einer abenteuerlichen Nacht entsinnen, als die Jugendlichen mich einmal mitnahmen in ihre »Poofe«. Das war ein todschickes, noch voll eingerichtetes Hotel am Bres-

lauer Platz – Hotel Berlin, glaub' ich, hieß es –, das in Konkurs gegangen war und jetzt leer herumstand. Das heißt, leer war es eben nicht: Jede Nacht stiegen da mindestens 50 Menschen durch eine kaputte Fensterscheibe im Innenhof des Hotels ein und übernachteten dort dann unter Daunendecken bester Qualität. Zweimal in der Woche war Razzia, aber das sei nicht so schlimm, sagte man mir, weil die Schmiere nur bis zum fünften Stockwerk kontrollieren würde. Das Haus hatte aber etwa acht Stockwerke, also mußte man sich mittwochs und freitags bloß nach ganz oben verziehen. Das Hotel gibt's heute immer noch, ein schwer teurer Laden.

Das war sozusagen, abgesehen von Toni, mein Einstieg in den SSK. Die SSK-Leute haben damals tolle Aktionen gemacht. Wie sie sich zum Beispiel das ehemalige Hotel Astor am Barbarossaplatz an Land gezogen haben, das war filmreif. Dieses »Hotel« war vor SSK-Zeiten eine Art Absteige gewesen, aber immerhin mit Pförtner im schwarzen Anzug, Türdrücker und so weiter. Es begann alles damit, daß die Stadt, als der große Run der jugendlichen Trebegänger auf Köln einsetzte, ein paar von diesen in dem Hotel einmietete. Das sprach sich natürlich in SSK-Kreisen schnell herum, und so standen Tag für Tag neue obdachlose Jugendliche vor der Tür des Jugendamtes, um sich ebenfalls im Hotel Astor unterbringen zu lassen. Das Hotel war sehr bald voll belegt und die Gäste immer ausschließlicher SSK-Jugendliche, die aber plötzlich nicht mehr rausgingen! Und der Pförtner saß immer noch mit grämlichem Gesicht da unten am Eingang und mußte sich das ganze Treiben mit ansehen. Dem Hotelbesitzer war's nur recht. Er bekam den Zimmerpreis vom Jugendamt bezahlt, und sein Hotel war ständig ausgebucht. Irgendwann, schätzungsweise nach einer halben Million Mark Hotelkosten, wurde die Sache der Stadt aber peinlich, und sie kaufte dem Mann den Laden ab. Auf diese Weise waren alle froh: der ehemalige Besitzer, der eine Menge Moos für seine schäbige Absteige erhalten hatte, die Jugendlichen, die drin bleiben durften, und die Stadt, die dem SSK jetzt die Verantwortung für ihre abtrünnigen Heimzöglinge übergeben konnte. Und der SSK hatte endlich ein Zentrum mit Rechtsbeihilfe – Detlef Hartmann, Anne Lüttges – und »Volx-Ambulanz« – Peter und Albert Stankowski, Michael Switek, Oncke Meents – bestens ausgerüstet für harte und abenteuerliche Zeiten.

Ihren Straßenmusiker hatten sie schließlich auch: das war ich, zusammen mit Toni, Fliege, Waschbrett-Slim und manchem anderen. Wir hatten dabei das unschätzbare Privileg, hauptsächlich an den eigentlichen Aktionen beteiligt zu sein und nicht an den zahlreichen internen Auseinandersetzungen, die dem SSK stets schwer zu schaffen machten.

Die letzte SSK-Aktion, an der ich mich direkt beteiligte, fand noch 1986 statt. Dabei ging es um radioaktiv verseuchtes Tschernobyl-Molkepulver im Besitz der Glücksklee-Molkerei Meggle in Rosenheim. Dort stand das Zeug schon monatelang herum und wartete auf den Weiterverkauf, als Lebensmittel oder Tierfutter in Dritte-Welt-Länder. Etliche Geschäfte dieser Art waren wohl auch schon gelaufen, etwa mit Ägypten und Brasilien, und irgendwann stand dieses verstrahlte Molkepulver dann plötzlich auch im Niehler Hafen, säuberlich in Güterwaggons gepackt. Kein Mensch wußte davon, beziehungsweise wer was wußte, sagte nix, bis der SSK eines Abends diese Güterwaggons enterte, einige Säcke aufschlitzte und Altöl drüberkippte! Die Aktivisten wurden natürlich festgenommen und am nächsten Tag ausgiebigst als Umweltverschmutzer beschimpft.

Aber der sogenannte »Molke-Skandal« war nun nicht mehr aufzuhalten. Die Regierungen in Köln und Düsseldorf versuchten natürlich zuerst, die Sache herunterzuspielen, aber der SSK blieb am Ball: Auf nach Düsseldorf zum Landtag, hieß die Parole. Kippen wir dem Umweltminister Mathiessen doch mal so einen Sack radioaktiver Molke in sein Büro. Gesagt, getan. Bei direkten Aktionen ist der SSK schon immer in Hochform gewesen. Der zuständige Staatssekretär staubsaugte schließlich eigenhändig und angstschlotternd das vermeintlich verseuchte Molkepulver – das sicherheitshalber kurz vorher im Bioladen gekauft worden war – vom Teppich. Auf diese Weise wurde der Skandal bis nach Bonn hochgetrieben, und als sich dann die entsprechenden Herren im Bundeskanzleramt zur Beratung trafen, wollten wir auch da als verantwortungsbewußte und leidtragende Bürger, die solche Schweinereien im Endeffekt »auszulöffeln« haben, dabei sein. Das war den Herren dort aber gar nicht recht, und so wurden wir von einer Bonner Spezialeinheit erst mal kräftig verdroschen, dann zehn Stunden im Godesberger Polizeipräsidium – unterirdische Zufahrt, gekachelte Wände und Fußboden (abspritzbar) im Innenhof; was die wohl mit dem Superkasten machen, wenn die Regierung da nicht mehr haust? – eingesperrt und schließlich vom Kadi wegen »Überschreitens der Bannmeile« zu empfindlichen Strafen verdonnert. Ich natürlich auch, wegen meines Flugblattes sogar mit Spezialbehandlung: Zwei Minuten vor Prozeßbeginn meinte man, mich noch mal kurz verhaften und abführen zu müssen, weil plötzlich, wie von Geisterhand, die Firmennamen aller möglichen Umweltverschmutzer auf den Treppenstufen des Landgerichts Bonn geschrieben standen – das Sandoz-Unglück war gerade ein paar Tage vorher passiert. Und, na klar, ich sollte es gewesen sein, der das da alles hingeschrieben hatte.

Manchmal werde ich gefragt, warum wir so was immer wieder machen, wo's doch offenbar keine Veränderungen in der Politik hervorzurufen scheint. Aber erstens behaupte ich, daß im menschlichen Bewußtsein doch eine diesbezügliche Veränderung stattfindet – übrigens stattfinden muß, sonst sind wir Menschen nämlich bald weg vom Fenster –, und zweitens haben uns diese Aktionen trotz der geradezu garantierten Dresche, die wir immer wieder einzustecken hatten, ein gemeinsames Lebens- und Zusammengehörigkeitsgefühl vermittelt, das ich niemals missen möchte.

Obrigkeiten

Zur Illustration meiner damaligen Situation flechte ich hier Auszüge aus einem Interview ein, das Tommi Busse, der Mitbegründer der »Mobilen Einsatzkapelle« (MEK) München im Jahre 1977 mit mir geführt hat. Es wurde unter dem Titel »Wenn da ein Fiedler singt garstige Lieder« in der Zeitschrift »Unsere Stimme« des Trikont-Verlages publiziert und zeigt relativ klar die Möglichkeiten, Schwierigkeiten und die Faszination des Straßenmusikerberufs.

»*Tommi:* Jetzt erzählt der Märchenonkel?
Klaus: Jetzt erzählt der Märchenonkel euch eine schöne Story, was mit der Straßenmusik los ist. Mit der Straßenmusik geht das folgendermaßen: Man geht auf die Straße, packt seine Geige aus, stellt sich hin, fängt an zu spielen, und wenn die Leute das mögen, dann spielt man weiter, bis man nicht mehr will oder nicht mehr kann, und dann packt man seine Geige wieder ein ...
Tommi: Es sei denn, man spielt Gitarre ...
Klaus: Dann packt man seine Instrumente wieder ein, geht nach Hause, zählt das Geld und macht irgendwat anderes. Man beschäftigt sich mit den Liedern, mit der Liebe und mit weiß der Deubel wat. Dadurch wahrt man sich als Musiker – ich spreche jetzt allerdings als Berufsmusiker – eine große Freiheit. Die hat man sonst natürlich nirgendwo. Wenn du zum Beispiel in einem Orchester drinsitzt, hast du deinen

festen Dienstplan und mußt spielen, ob du willst oder nicht. Und du mußt alles spielen, was auf dem Programm steht, ob du's magst oder nicht. Da haste 'nen Boß über dir, der dir sagt, wie du's zu spielen hast, und so weiter. Auch wenn du ein begeisterter Musiker bist, kannst du das nicht bleiben, weil dir das vermiest wird, einfach durch die Umstände. Während bei der Straßenmusik – das wird dir auf die Dauer natürlich auch vermiest, weil jeder Job einem vermiest werden muß ...

Tommi: ... wenn's zur Routine wird, is' ja klar. Wenn du davon lebst, kann es natürlich leicht sein, daß es in Arbeit ausartet.

Klaus: Ja, wenn das Arbeit wird, wird es schrecklich, aber solang's keine ist, ist es sehr schön. Nun ist das allerdings normal, das ist ja in jedem Beruf so. Aber wenn du beispielsweise ganz der Arbeit entsagst, ganz und gar, dann kannst du mit den vielen Leuten, die in unserem Land arbeitend leben bzw. hinvegetieren, nicht mehr viel kommunizieren. Die sind dann irgendwie sauer auf dich. Ob das nun der Neid ist –

Tommi: Die Leute sind sauer auf dich, wenn du auf der Straße spielst?

Klaus: Wenn ich nicht arbeite!

Tommi: Erkennen die das als Arbeit an, wenn du da stehst? Hast du da nie mal Ärger gehabt mit den Leuten, daß sie sagen: Geh' doch arbeiten!?

Klaus: Wenn ich jeden Tag da stehe, dann erkennen die das klar an. Am Anfang haben die schon mal so was gesagt, weil die mich ja vielleicht nur einmal im Monat sehen. Aber ich steh' mittlerweile ja echt jeden Tag da, meistens wenigstens, und das haben die Leute dann auch mitgekriegt und voll akzeptiert. Das ist dann 'n normaler Job, und das isses dann ja auch.

Tommi: Das ist aber wieder typisch deutsch, oder? Uns

haben sie so kaputtgemacht, daß wir Angst vor Freude und Spaß haben, hinter der nicht irgendwie auch Arbeit steht, und bei anderen akzeptieren wir das auch nur so.
Klaus: Ja, ja. Wenn das aber so läuft, dann ergeben sich sehr starke Probleme. Dann ergeben sich erst mal Probleme wie bei jeder anderen Arbeit auch. Was machste mit dem Zuhause? Was machste gegen die Routine, die sich da einschleicht? Oder du müßtest dich wirklich mit einem ungeheuren Energieaufwand gegen die Routine zur Wehr setzen, dadurch, daß du immer was Neues bringst, das ist 'ne andere Möglichkeit. So jedenfalls hab' ich mir das mal vorgestellt gehabt, habe das teilweise auch gemacht und mach's, wenn's mich überkommt, immer noch. Aber wenn's mich nicht überkommt und ich hab 'ne lahme Zeit, dann wird der Job wahnsinnig haarig. Dann gibt's Leerlauf, dann tu ich so als ob, und dann stimmt's natürlich nicht. Und das merkt jeder, ich natürlich besonders. Dann wird die ganze Geschichte wirklich zur Qual – und es bleibt einem als freier Unternehmer, als freier Arbeitnehmer – der sich die Arbeit nimmt, wo sie zu holen ist, ha, ha – nichts anderes übrig als abzuwarten, bis man wieder im Lot ist. Dann kann man wieder loslegen. Nun kommt außerdem dazu, daß unsereins seine Lieder ja selber schreibt, und dafür braucht man auch eine ganze Menge Zeit. Denn Schreiben, das geht ja nicht einfach hopplahopp – das geht zwar hopplahopp, wenn man erst mal losgelegt hat, aber vorher gibt's ne lange Zeit, die man zum Überlegen braucht, wo auch viel Leerlauf herrscht, bis dann die Gehirnströme wieder fließen wie's Bächlein auf der Wiese. Dann kann man innerhalb von 'ner halben Stunde manchmal 'n dolles Lied zu Papier bringen. Wenn dat mal rappelt, dann rappelt dat.
Tommi: Das Gute an der Straßenmusik ist doch, daß du durch die Musik immer einen Bezug zur Realität hast, den du nicht hast, wenn du im Orchester spielst oder so. Dann haste

zwar deine Orchesterrealität, aber das ist nicht die aus'm Leben, die der einfachen Leute. Die kriegste halt erst auf der Straße voll mit. Und gerade wenn du Lieder machst, dann brauchste das doch besonders.

Klaus: Is' klar, das is' ungleich sinnvoller. Der Udo Jürgens hat so was nicht und baut entsprechende Klöpse. Es ist für Straßenmusiker schwierig, immer am selben Ort zu spielen, die meisten reisen ja – aber wir spielen fast immer am selben Ort.

Tommi: Das liegt wohl auch daran, daß es keine entsprechenden Traditionen mehr gibt. In Köln ist das ja wohl ein bißchen anders. In München gibt es auch viele Straßenmusiker, aber die kommen alle von außerhalb.

Klaus: Ja, hier in Köln gibt's noch die Alten, hier gibt's noch eine echte, gute Straßenmusiker-Tradition.

Tommi: Wie oft spielt ihr dann?

Klaus: Drei Sessions, das langt. Mehr kannst du gar nicht schaffen. Ist ja eine Riesenbrüllerei, und du mußt mordsmäßig Energie reinstecken. Das ist ja keine Unterhaltungsmusik in dem Sinne, wir tändeln uns ja keinen ab, sondern wir ham' einen politischen Anspruch drin. Das macht die Straßenmusik so anstrengend. Wenn das nicht wäre, wär's easy. Du mußt die Leute wirklich packen. Die Leute müssen erst mal stehen bleiben, dann müssen sie zuhören, und dann müssen sie außerdem noch zustimmen! Das sind drei wesentliche Punkte, sonst kannste die ganze Straßenmusik vergessen. Es bleiben natürlich nicht alle stehen, aber es müssen doch soviel bleiben, daß du so was wie 'ne Bestätigung oder Sympathie merkst. Darauf bist du angewiesen! Wenn du dagegen im Konzert spielst, dann hören automatisch Leute zu. Sie haben bezahlt, dann sitzen sie da und lassen sich bedrüddeln. Das ist ein großer Unterschied, die ham' sich vorher entschieden, jetzt sitzen sie da, und wenn's zu Ende ist, dann gehen sie wieder – vielleicht gehen sie auch zwischendurch raus, ärgern sich, aber normalerweise bleiben sie sitzen. Auf der Straße gehen die Leute eben einfach dran vorbei oder auch nicht. Und wenn sie stehenbleiben, dann muß etwas kommen, was die Leute wirklich interessiert, sowohl musikalisch als auch inhaltlich. Da mußte dann wirklich arbeiten, das ist gar nicht ohne, daß du da auch was Richtiges und Schönes bringst. Der Straßenmusikerjob ist ein Job für die Leute. So frei du einerseits bist, was Arbeitsbedingungen und Zeit angeht, so abhängig bist du andererseits von der Sympathie der Leute. Aber das ist 'ne Abhängigkeit, die ist sehr gut und angenehm.«

Tommis eigene Lieder waren damals absolut »in« in der Szene, und noch jetzt kennt mancher »Wer hat den Oetker-Sohn geklaut?« oder »Wer hat Angst vorm Schwarzen Mann?«. Er war damals Kommunarde, genau wie ich, machte beim Trikont-Verlag zwei oder drei recht gut gehende Schallplatten und war, zusammen mit zweien seiner Freunde, mindestens zwei Jahre lang richtig Straßenmusiker. Dann gründete er irgendwann mit seiner Freundin, einer Schauspielerin, ein surrealistisches Theater- und Musik-Duo, und das machen sie heute immer noch, und zwar exzellent.
Als wir uns kennenlernten, um 1973 herum, waren gerade die großen Automobilfabrik-Streiks. Das ging los mit BMW in München, dann kamen Opel in Rüsselsheim, Ford in Köln, Opel in Bochum und die ganzen Zuliefererbetriebe wie Daimon usw., eine Riesenstreikwelle lief durch ganz Deutschland. Diese Streiks wurden fast gar nicht von den Gewerkschaften unterstützt, sondern waren, wenn überhaupt von einer politischen Gruppe, dann von den Anarcho-Syndikalisten organisiert. Die meisten Streikenden waren übrigens Gastarbeiter; von Deutschen hat man nicht so viel gesehen, leider. Andererseits waren die Hälfte aller Automo-

bilarbeiter damals sowieso Gastarbeiter, der Streik hatte dadurch eine geradezu südländische Power und konnte nur durch massiven Polizeieinsatz bewältigt werden. Ich war natürlich dabei, hauptsächlich als Straßenmusiker auf Demos und Versammlungen in Köln, vor den Fabriktoren. Ich gelangte zu einer relativ wichtigen Rolle und lernte dadurch in dieser Zeit natürlich auch die damaligen »Größen« der anarchistischen Bewegung, wie Daniel Cohn-Bendit, Heinrich Pachl, Tommy Busse, Baha Targün usw. kennen. Aber was noch wichtiger war: Ich wurde eingeladen zu Kultur- und Tanzveranstaltungen sowie zu häuslichen Festen bei Türken, Kurden und Griechen – Arbeiterfamilien! Das war eine Erfahrung, auf die ich immer noch stolz bin.

Die Siebziger Jahre waren in vieler Hinsicht eine wahrhaft bewegte Zeit. Ein politischer Mensch, wie ich nun mal einer war und bin, hatte jede Menge Möglichkeiten, zu wirken – aber auch, »auffällig« zu werden. Ein Vorfall aus München ist mir noch immer lebhaft im Gedächtnis. Arbeitnehmer-

Ford-Streik (1973)

präsident Schleyer war gerade in Köln entführt worden, und die Bullen liefen Amok. Kurt, Christl und ich hielten uns in München auf, um Tommy zu besuchen und Straßenmusik zu machen. Im Verlauf einer solchen Session auf der Kaufinger Straße erschien die Polizei und bedeutete uns auf gut bayrisch, Schluß zu machen. Das Volk, wiederum auf gut bayrisch, bedeutete uns, weiterzuspielen, und so war ein Eklat wie weiland in Nürnberg im Anflug. Nur ließ ich es diesmal nicht zu einer Klopperei kommen, und die Bevölkerung half uns bei einem eleganten Rückzug: sie deckte ihn auf gut bayrisch ab, und die Schmiere akzeptierte das. Aber der Hammer kam am nächsten Morgen. Wir sitzen gerade beim Frühstück, da springt die Tür auf, und herein stürzen sieben oder acht gangsterähnliche Männer mit MPs im Anschlag und Bleischürzen vom Scheitel bis zur Sohle, springen in der Bude herum, die MPs stets auf uns gerichtet, und durchsuchen kommentarlos alle Ecken und Winkel. Sie fahndeten nach Herrn Schleyer! Schließlich waren wir ja am Vortag bös' aufgefallen, besaßen ein Freakauto mit Kölner Nummer und wohnten bei Anarchos. Wir blieben ziemlich cool – das brachte die wilde Zeit so mit sich – und frühstückten in aller Ruhe weiter. Christl brachte es sogar fertig, den Bullen, der ihr am nächsten stand, zu fragen, ob seine MP aus Plastik wäre. Nachdem der Spuk zu Ende war, sind wir wieder auf die Straße gegangen und haben den Leuten die ganze Geschichte erzählt, in Blues verpackt, und die Schmiere hat uns in Ruhe gelassen.

Glimpflich wie bei dieser Geschichte liefen solche Vorfälle aber bei der damaligen RAF-Hysterie keineswegs immer ab. Da war zum Beispiel in Köln die Geschichte mit Karl-Heinz Roth, einem jungen Arzt, der in der SSK-Ambulanz arbeitete. Karl-Heinz traf sich eines Tages mit einem Freund, der der Terrorismus-Szene zugerechnet und entsprechend beschattet wurde. Es kam zu einer Schießerei, bei der Karl-

Heinz lebensgefährlich verletzt und der Freund getötet wurde. Karl-Heinz kam ins Krankenhaus, wurde schlecht und recht zusammengeflickt und erhielt nach anderthalb Jahren endlich seinen Prozeß, in dem er für seine ganzen linken Aktivitäten noch ordentlich eins draufkriegen sollte. Wir bildeten eine Solidaritätsgruppe für Karl-Heinz Roth – einer seiner Verteidiger war übrigens wieder Detlef Hartmann – und ackerten gemeinsam vor Gericht voller Anstrengung – ich natürlich hauptsächlich auf der Straße –, um dem Polit-Richter die Show zu vermasseln. Das schafften wir schließlich auch, und Karl-Heinz kam frei.

Man kann also auch auf diese Weise etwas erreichen! Daß aber ein Straßenmusiker wie ich so ein relativ berühmter Mann werden konnte, das ist nicht etwa allein mein Verdienst, sondern überwiegend das meiner Intimfeinde, der versammelten Borniertheit und Ignoranz in Bürokratie und Verwaltung, sprich der Obrigkeit. Selbige sorgte mit jahrzehntelangen Aktionen immer wieder dafür, daß ich in die lokalen Schlagzeilen geriet, und zwar nicht zu meinem Schaden. Ich möchte behaupten, daß ich zumindest in Köln ein paar echte Fans unter den Lokalredakteuren von Zeitung und Rundfunk sitzen hatte, die ganz scharf auf die Stories waren, die sich immer wieder um mich ereigneten. Ihre Berichte waren nicht nur launig geschrieben, sondern auch stets mit einem tollen Bild illustriert. Mein Verdienst dabei war wohl mein Durchhaltevermögen, das mich befähigte, dem ständig wachsenden Druck durch Polizeieinsätze, Verhaftungen, Ordnungsstrafen und Gerichtsverfahren jahrzehntelang standzuhalten. Ich hätte das aber nie geschafft, wenn sich die Bevölkerung nicht über die Jahre mehr und mehr auf meine Seite geschlagen hätte.

Deshalb wurden die Polizeieinsätze gegen mich allmählich zum reinsten Spießrutenlaufen für die Beamten. Ich habe dabei so manchen Bullen zittern sehen, und nicht etwa vor mir

schmalem Hemd, sondern vor dem Volk. Das fand ich dann geradezu einen sympathischen Zug, etwa im Vergleich zu den Richtern. Die zittern leider nie vor dem Volk. Sie haben vielmehr in meinem Fall oft genau dann die Bullen fertiggemacht, wenn es nicht opportun schien, mich fertigzumachen.
Die eigentlichen Drahtzieher bei dem anhaltenden Krieg gegen mich waren aber die Geschäftsleute, die besonders in den zentralen Einkaufszonen der Städte umsatzgierig bis zum Geht-nicht-mehr sind, und die selbst alle und alles diesem Umstand unterordnen und das auch von einer willfährigen Verwaltung verlangen. Das Volk etwa, das sich in diesen Fußgängerzonen befindet, heißt in ihren Planungsvorlagen »Mobile Kaufkraft«, das Fußgängertempo in den Einkaufszonen heißt »Fließgeschwindigkeit« und wird über Ordnungsamtsverfügungen (z. B. Standgenehmigungen), Blumenkübelaufstellung oder andere Dekorationen optimiert und gesteuert. Es ist klar, daß bei so provokanten Auftritten wie den meinen die ganzen komplizierten Berechnungen und feinen Einrichtungen über den Haufen geworfen werden. Dabei ging es gar nicht um meine radikalen Liedertexte, sondern ausschließlich um den Umstand, daß sich bei meinem Auftritt manchmal Hunderte von Menschen sammelten, einfach stundenlang stehenblieben und damit ihre Funktion als »Mobile Kaufkraft« einbüßten. Das ging natürlich nicht. Das konnten die Landlords vom »Wirtschaftszentrum West«, wie es neuerdings heißt, nicht mitansehen, ohne ganz krank zu werden. Und das Wirtschaftszentrum des Wirtschaftszentrums ist ja nun mal der Konsumschlauch vom Dom zum Neumarkt, also Hohe Straße und Schildergasse. Deshalb kämpften sie mit harten Bandagen und vor allem mit fiesen Tricks gegen mich. Sogar Schlägerfiguren aus dem Zuhältermilieu setzten sie auf mich an, und mit Bestechung versuchten sie es. Aber weil sie nicht fähig waren, mich be-

ziehungsweise die durch meine Auftritte entstehenden gesellschaftlichen und politischen Umstände korrekt einzuschätzen – weil sie nämlich die »Straße«, außer sie zu melken, nicht ernst nehmen –, mußten sie den Kampf wohl auf die Dauer verlieren. Trotzdem habe ich keinen einzigen diesbezüglichen Prozeß gewonnen. Die Verfahren wurden immer nur »wegen Geringfügigkeit« eingestellt, das heißt, man ließ bei mir »fünfe gerade sein«. Die ordnungsamtlichen Bestimmungen gelten also wie eh und je, und sobald man sich nicht mehr dagegen wehrt, läuft's wieder verkehrt. Justiz und Bürokratie sind der Brei, in dem wir untergehen, wenn wir uns nicht ständig dagegen zur Wehr setzen.

Liebe, Ehe, Partnerglück

Meine Familie und ich wohnten immer noch in den beengten Verhältnissen der Mainzer Straße 29, einem Haus, das zu 60 Prozent von Spaniern, Italienern und Marokkanern bewohnt war. Aber wir kamen alle sehr gut miteinander aus, waren teilweise sogar miteinander befreundet. Sidhi zum Beispiel, ein Vater von sechs Kindern, die mit dem Rest seiner Familie in Ushdad in Marokko wohnten, arbeitete schon seit zwölf Jahren hier in Deutschland. Er kam sonntags öfter mal rauf, und wenn ich alleine war, entnahm er seiner Brieftasche ein kleines Stück »Kif«, drehte ein Sticki, das wir zusammen rauchten – »Gut kif, gut reden, gut essen, gut slaf«, pflegte er zu sagen – und dann hatten wir stundenlange, tiefgehende Gespräche. Sidhi wohnte mit zwei marokkanischen Kollegen zusammen in einem Zimmer, das zweite Zimmer der Wohnung war von zwei Prostituierten bewohnt, die darin auch ihre Geschäfte abwickelten, und in dem dritten Zimmer der Wohnung hausten zwei Algerier. Unser Hauswirt war ein ziemliches Schwein und preßte über sein Haus Geld

raus, wo es nur immer rauszupressen war. Aber es sollte in der Südstadt noch schlimmer kommen. Kaussen und Konsorten waren im Anmarsch, und die veränderten mit ihrer Geldgier das Bild dieses Viertels total. Doch davon später.
Ich tingelte ziemlich viel in Köln herum, nicht nur tagsüber, sondern auch nachts. Aber die Schulferien verbrachten wir immer alle zusammen, und zwar in unserem großen schwarzen Feuerzelt, einer richtig altmodischen Kote. In den großen Ferien fuhren wir an die Nordsee, erst nach Cadzand-Bad an der belgischen Grenze, später dann auf die Inseln Texel und Ameland, und in den Oster- und Herbstferien zog es uns in die Wälder der Eifel. Das waren wunderschöne Zeiten, vielleicht die schönsten, die wir miteinander hatten. Das Naturerlebnis ist immer noch eine fundamentale Erfahrung; wenn man sich ihr öffnet – und das konnten wir –, kann alles gut werden.
Wieder zuhause, war's natürlich immer noch mächtig eng; es wurde sogar immer enger, denn die Kinder wurden älter und größer. Da erzählte uns eines Tages ein netter Nachbar, daß im Nebenhaus eine Wohnung frei würde. Mit seiner Vermittlung hatten wir sie dann tatsächlich auch bald: sechs Zimmer! Der reinste Palast! Wir brauchten außerdem unsere Sachen nur die Treppe runter und im Nebenhaus wieder rauf zu tragen, der Umzug war kein Aufwand. Allerdings war es insgesamt doch eine bedeutende Umstellung, und mit so was tue ich mich schwer. Hundertfünfundsechzig Quadratmeter im Vergleich zu vorher gut fünfzig Quadratmetern. Ich hatte zum Beispiel plötzlich ein eigenes Zimmer mit einem großen Schreibtisch drin, wie weiland mein Vater. Das machte mich aber nicht unbedingt häuslicher, im Gegenteil. Unsere häuslichen Auseinandersetzungen vertieften sich zeitweise, so daß ich einmal sogar – allerdings nur für ein paar Wochen – auszog und mit einem Alkoholiker und zwei Freundinnen

zusammen in einem besetzten Haus schräg gegenüber wohnte. Dabei wurde mir jedoch klar, daß ich mit jedem anderen Menschen nach einer Weile auch Auseinandersetzungen haben würde, und daß es dann schon sinnvoller und verantwortlicher wäre, wenn ich bei »meinen Leuten« blieb. Also zog ich wieder zurück.
Das war auch ungefähr die Zeit, als ich Ulla kennenlernte, die Mutter meiner zwei jüngsten Kinder Stefan und Fabian. Sie tauchte in derselben Stammkneipe auf wie ich, dem schon früher erwähnten berüchtigten »Kabäuschen«, und war auch nicht gerade zufrieden mit dem Leben, wie's so im allgemeinen lief, und im speziellen mit ihrem Job: sie war Referendarin für Biologie an einem Gymnasium in Leverkusen. Wir verliebten uns eines Karnevals heftig ineinander, und sie wurde tatsächlich meine feste Freundin! Das war seit Christls und Gabis Zeiten nicht mehr vorgekommen, und es wurde zu entscheidendem Einfluß auf mein ferneres Leben. Ich besuchte sie anfangs immer in ihrer Appartement-Wohnung am Martin-Luther-Platz; später zog sie in unser Haus ein, erst in ein dunkles Loch im Erdgeschoß. Kurz vor der Geburt von Stefan zog sie dann endgültig zu mir in unsere Wohnung. Nicht nur sie, sondern vor allem auch die beiden Kinder – Fabian wurde ein Jahr nach Stefan geboren – veränderten meine Lebensgewohnheiten erheblich. Ich war jetzt viel zu Hause, klinkte mich in das Babygeschehen mit ein und machte weniger Straßenmusik, dafür aber mehr und mehr lukrative Konzerte und 14-Tage-Tourneen mit den »Kölner Straßenmusikern«.
Mir wird heute gelegentlich die Frage gestellt, wie ich es denn so locker geschafft hätte, dem »bürgerlichen Leben« mit all seinen Traditionen, Segnungen und Sicherungen adieu gesagt zu haben. Darauf antworte ich zumeist auf die schnelle, daß es sich nun mal so ergeben hat – wobei ich immer noch heimlich bezweifle, daß ich dem bürgerlichen Lebensweg wirk-

lich entronnen bin. Tatsache ist, daß ich viele andere Lebens- oder Daseinsarten für mich entdeckt habe, die mir weitaus mehr zusagen. Ich möchte nicht tauschen mit einem Sinfonieorchester-Geiger, und sei er oder sie auch noch so hoch bezahlt und abgesichert. Das wäre mir insgesamt zu eng, vom Künstlerischen und auch vom Gesellschaftlichen her. Auch einen Beruf, der einen lebenslangen Achtstundentag voraussetzt, würde ich nicht ausüben wollen. Die Schulzeit hat mir schon gereicht. Überhaupt halte ich diese lebenslange Achtstunden-Regelung und besonders die darauf ausgerichtete Rekrutierung (= Schule) für ein schweres kulturelles Menschheitsverbrechen.
Was bleibt innerhalb der bürgerlichen Welt als Alternative übrig? Karriere? Reichtum? Familienglück? In solcherart Lebenswegen sind soviel Lügen vergraben und so viele Ängste! Karriere heißt für mich: eine Rolle zu spielen auf möglichst lange Dauer, und das dann als echt verkaufen zu lassen. Ich kenne das Ding gut, das wollten schon (und wollen) viele mit mir machen. Mit meiner Beliebtheit oder Bekanntheit wäre ich preiswert in der Vermarktung. Aber ein hochbezahlter Sklave der Vermarktungsindustrie zu werden, mit der Hauptaufgabe, meinen Marktwert zu erhalten bzw. ständig zu steigern, das erscheint mir pervers. Erstaunlich sind für mich dabei allerdings diejenigen Musiker, die trotz Karriere noch einigermaßen Bodenhaftung bewahrt haben. Mir ist das einfach alles zu eng. Auch Reichtum, gerade der! Da liegt die gesellschaftliche Verarschung doch klar auf der Hand: Geld ist in einer bestimmten Menge vorhanden, und was der eine mehr hat, das hat der andere weniger, zwangsläufig. Diese Tatsache bringt die Menschheit auseinander, bis hin zu Mord und Totschlag. Das kann ich nicht mitmachen, das kann ich nur bekämpfen.
Auch Familienidylle und entsprechend geregeltes Liebesleben sind nichts für mich, erwiesenermaßen. Das bürgerliche

Leben hat nun mal seine eingefahrenen Gleise, und die Sehnsucht da rauszukommen, die hat wohl jeder und jede einmal. Nur die Traute hat man normalerweise nicht. So was ist ja meist verbunden mit »Entgleisung«, und die ist schmerzhaft und oft genug bitterböse in ihren Folgeerscheinungen. Gerade auf die Liebe trifft das zu, das zentrale Thema. Wenigstens für mich. Aus Sicht eines Liebespaares ist Heiraten und Ehe sozusagen eine Art Versicherungsschutz gegen Entgleisung, prämienbegünstigt durch Staat, Krankenkasse und Rentenversicherung. Die traditionelle Voraussetzung zum Bau und Erhalt eines Nests für die Kinder, betreut von Mutter *und* Vater. Aber je weniger Liebe im Spiel ist, desto mehr entpuppt sich die Ehe als eine Qual für alle Beteiligten. Gut, heißt es, da muß man dann eben zusehen, daß die Liebe nicht vergeht oder zumindest immer mal wieder blüht. Hauptsache, ihr bleibt euch treu, sagt der Herr Pastor und Papa Staat, sonst nix mehr Versicherungsschutz.

Ich »entgleise« also nach etwa sieben Jahren Ehe. Der Grund war mein Bedürfnis nach Liebesbeziehungen mit anderen Frauen und nach Unabhängigkeit voneinander, und damit war die Ehe zwischen Christl und mir erst einmal kaputt. Es waren aber schon drei Kinder da, und zu denen hatten wir beide, Christl und ich, ein Liebesverhältnis, und sie auch zu uns. So fanden wir – glücklicherweise, behaupte ich jetzt – wieder zusammen, allerdings sexuell frei voneinander. Nach dem Grundsatz »Alle Menschen sollen sich lieben, wenn sie sich lieben wollen« durchlebte ich dann jahrelang die Segnungen der »freien« Liebe. Die mich aber auch nicht unbedingt zum glücklichsten Menschen machten, denn meine Liebesbeziehungen waren zwar häufig, aber flüchtig und unverbindlich. Meine Verbindlichkeiten waren an unser »Nest« gebunden, das ich nicht aufgeben wollte, wo aber sexuell nix mehr für mich drin war. Aber das Erotische ist nun mal gewichtig in der Liebe, und die Situation änderte sich für mich in dem Moment, als Ulla sich entschied, in unsere Kommune einzuziehen. Allerdings war's dann auch mit der freien Liebe finito für mich, was aber halb so schlimm war, weil sowieso weder Zeit noch echtes Bedürfnis mehr dazu da waren und wir ja auch recht schnell ebenfalls zwei Kinder miteinander hatten. Also näherten sich meine Liebeserfahrungen wieder der althergebrachten Zweierbeziehung, die ich doch zuvor versucht hatte zu überwinden.

Diese Tatsache brachte natürlich starke Spannungen in unserem kommunalen Zusammenleben mit sich, besonders weil die Auseinandersetzung zwischen Christl und mir ja nicht etwa zufriedenstellend abgeschlossen gewesen wäre. Aber Kinder sind für mich immer wieder einer der erfreulichsten Auswüchse der Liebe, obwohl ich nie daran gedacht habe, als ich sie gezeugt habe – und ich habe fünf gezeugt! – und obwohl mein Egoismus oft genug der Verantwortung entfliehen wollte – und manchmal immer noch will. Wann immer die Frauen mir gesagt haben: Du, ich krieg ein Kind von dir, durchfuhren mich erst mal ein tiefer Schreck und eine Menge unguter Gefühle. Aber ein Leben ohne Kinder und ohne eine möglichst gute, das heißt liebevolle und verantwortungsbewußte Beziehung zu ihnen wollte ich dann, sobald sie da waren, auch nicht mehr führen. Warum? Ich habe sie »erlebt«, und wenn ich die Kinder erlebe, dann gibt das meinem Dasein einen Sinn und eine Tiefe, auf die ich nie verzichten möchte. Ich war oft genug kein guter Vater. Mein Glück war, daß ich Glück mit den Müttern hatte. Sie haben meine zeitweisen Ego-Trips aufgefangen, ohne mich dafür rauszuschmeißen und ohne daß die Kinder allzu hart davon betroffen gewesen wären. Aber ein guter Vater war und bin ich andererseits eben auch. Ich stehe zu meinen Ego-Trips, zu solchen, die nur für mich von Belang sind, für deren Durchführung ich alles andere und alle anderen außen vor zu lassen habe, sonst klappt's nicht. So was hat seine absolute Berechtigung im menschlichen Leben. Trotz der Fehler, die dann zwischenmenschlich passieren, und die man/frau im Laufe des Lebens zu erkennen und zu bewältigen hat.

Der kurze Sommer der Anarchie

In der Südstadt ging es allmählich richtig zur Sache. Aus der Stollwerck-Fabrik roch es schon lange nicht mehr nach Pfefferminztalern, die Schokoladenproduktion war längst nach Porz ausgelagert worden. Dafür sammelten sich aber um den leerstehenden Riesenkomplex die Spekulanten wie die Geier um das Aas, und davon waren natürlich auch alle umliegenden Häuser, Wohnungen, Mieten und Mieter betroffen. Die Bürgerinitiative Südliche Altstadt (BISA), mit der ich schon seit ihrer Gründung gelegentlich zusammengearbeitet hatte, roch den Braten zuerst und machte auch publik, wie die Groß-Spekulanten vom Format Rüger & Co. mit unserem Schoko-King und späteren Schokoladenmuseums-»Stifter« Imhoff und der Stadt Köln maggelten und den Stollwerck-Komplex zwischen sich hin- und herschoben, bis die Stadt schließlich kaufte, nachdem Imhoff das Gelände kurz zuvor an Rüger »verkauft« hatte. Es war so eine typisch kölsche Klüngelspartie, über die viele sehr sauer waren. Denn die Millionensummen für Imhoff – der außerdem zu günstigen Bedingungen von der Stadt das Gelände für eine nagelneue Fabrik in Porz zugeschustert bekam, wodurch er die Hälfte der ehemaligen Stollwerck-Belegschaft in die Wüste schicken konnte – waren natürlich Steuergelder.
Wir hatten beschlossen, das Gelände zu besetzen und damit ein deutliches Zeichen gegen Spekulantengier, bürokratische Verwaltungswut und schleichende Entmündigung des Volkes durch »Volksvertreter« wie SPD-Herterich und Immobilien-

magnaten wie Imhoff, Rüger und Co. zu setzen. Es sollte ein Fanal werden für Freiheit und individuelle Selbstbestimmung – auf Europas größtem innerstädtischen Sanierungsgelände. Vor der eigentlichen Besetzung wurden zwei sehr gut besuchte Großveranstaltungen auf dem leerstehenden Gelände durchgeführt, um das Gelände auch mal der Nachbarschaft und Öffentlichkeit vorzustellen. Die eine Veranstaltung wurde mitten im Winter organisiert, ich lud die Kölner Szene-Künstler sowie jede Menge befreundete Straßenmusiker ein, um sie für meine Gedanken eines »Tausendfüßlermarsches« auf Bonn zu gewinnen. Eine der großen Lagerhallen war dabei von 800 Haushaltskerzen beleuchtet und beheizt; es kamen 1200 Leute, ein wunderschönes Fest. Die andere Veranstaltung war das Pfingstfest der BISA, die auf diesem Fest ihr Konzept für den Umbau des Stollwercks in preisgünstigen Wohnraum vorstellte. Dieses Konzept war sauber durchdacht und in der Südstadt auch recht populär. Eine der wesentlichen Neuerungen dabei war die aktive Mitarbeit der jeweiligen Mieter oder Nutzer beim Auf- bzw. Umbau ihrer zukünftigen Wohnungen. Das wurde aber von Rat und Verwaltung knallhart abgeschmettert. Sie reden zwar viel von Bürgerbeteiligung, aber in Wirklichkeit tun sie alles, um es nicht dazu kommen zu lassen, und sie reden auch gerne vom Sparen, tun aber in Wirklichkeit alles, damit so viel Geld wie nur möglich ausgegeben wird.

Ich kann mich noch lebhaft an die entscheidende Ratssitzung erinnern. Demonstranten standen vor dem Rathaus, und als der Ratsbeschluß gegen den preisgünstigen Wohnungsausbau durch war, erfaßte uns alle eine heilige Wut. Wir zogen spontan und geschlossen in die Südstadt zurück, direkt vor das große versenkbare Stollwerck-Eisentor hinter der Bottmühle, das in diesem Moment sofort hochgefahren wurde. Aber ein paar von uns kletterten drüber, ließen es wieder im Erdboden verschwinden, und dann stürzten alle mit einem ungeheuren Jubelschrei auf das Gelände. Damit war das Stollwerck besetzt – und es begann das gesellschaftlich hochbrisante und melodramatische Abenteuer einer gigantischen Kommune.

Wir ließen das Tor wieder hochfahren – die Pförtner waren von unserer revolutionären Power wie paralysiert und räumten alsbald das Feld – und verbarrikadierten es meterdick mit allem möglichen Schrott. Dann passierte tagelang erst mal Wunder über Wunder. »Fachleute« tauchten auf, die fanden Wasser auf dem Gelände, andere fanden Strom, obwohl das alles schon jahrelang abgestellt oder abgebaut gewesen war. Die ersten Besetzerversammlungen, Plena genannt, fanden täglich statt und waren ein Wunder an Sachlichkeit, Konzentration, Gemeinschaftssinn und Fröhlichkeit. Flugs war eine Küchengruppe gegründet, und Futter und Getränke gab es in jeder Menge von sympathisierenden Gastwirten, Lebensmittelhändlern und Kioskbesitzern des Veedels. Keiner war keinem zu doof, keiner war keinem zu schlau. Wir befanden uns in einem anarchistischen Paradies, einem, wie die Autonomen heutzutage gerne sagen, »rechtsfreien Raum«. Unser Vorbild war die seit langem bestehende und heute noch existierende Großkommune »Christiania« in der Kopenhagener Innenstadt. Wir durchlebten in diesem Jahr neunzehnhundertachtzig einen kurzen, aber wunderbaren Sommer der Anarchie in Köln. Täglich kamen, als das unerhörte Ereignis einer solchen Großbesetzung durch mehrere hundert Leute auch überregional schnell bekannt wurde, Solidaritätstelegramme aus der ganzen Republik und sogar aus dem benachbarten Ausland bei uns an und wurden auf den nachmittäglichen Plenen unter lautem Jubel verlesen. Leute aus ganz Deutschland pilgerten zum Stollwerck, machten uns Mut und brachten Ideen ein. Solidaritätskonzerte zum Beispiel mit BAP und Ton, Steine, Scherben wurden organisiert, und die unvergessene Kölner Volksschauspielerin Trude

Herr sang ihren alten Hit aus den fünfziger Jahren mit neuem Text: »Ich will keine Schokolade, ich will lieber die Fabrik, und da bau' ich mir 'ne Wohnung, und die geb ich nicht zurück!«
Es entstand eine dem Gemeinsinn verpflichtete Gegenkultur, die, trotz des endlichen Scheiterns vieler unserer konkreten Forderungen, in gewisser Weise bis in die Gegenwart hinein wirksam ist. Das herrschende System im allgemeinen und die Stadt im speziellen blieben zunächst außen vor. So dachten wir – und so sah es anfangs auch aus. Statt uns mit Gewalt zu räumen, wie es schon damals etwa in Berlin-Kreuzberg üblich war, und worauf wir uns auch entsprechend vorbereitet hatten, wurde die sogenannte »Kölner Linie« der Deeskalation gefahren, sprich: Das »Problem« sollte so lange ausgesessen werden, bis es sich von selbst erledigt haben würde. Hin und wieder flog ein Polizei-Hubschrauber über das Gelände und warf rosarote Flugblätter ab – Überschrift: »Liebe Stollwerck-Besetzer« – auf denen uns der Oberstadtdirektor Kurt Rossa aufforderte, das Gelände zu verlassen, und in denen er uns darauf aufmerksam machte, daß wir uns mit der Besetzung strafbar gemacht hätten. Aber Hunderte von Menschen strömten Tag und Nacht durch den kleinen Eingang, vorbei an der Pförtnerloge, die schon lange nicht mehr mit dem ursprünglichen griesgrämigen Personal, sondern mit einem freundlichen Menschen von irgendeiner Wach- und Schließgesellschaft besetzt war – den ich als den »Yogi« von der Schildergasse kannte –, und der unser Treiben mit Wohlwollen betrachtete.
Vor dem großen Tor an der Bottmühle hatten wir ein schönes Café eingerichtet, das bestens besucht war. Damit wollten wir den Bürgern des Viertels, den Touristen und zahlreichen Sonntagsspaziergängern die Möglichkeit geben, sich zwanglos mit uns in Verbindung zu setzen, und der im Volk weit verbreiteten Sympathie für die Besetzung einen ganz einfa-

chen Ansatzpunkt bieten. Außerdem hofften wir damit die beteiligten städtischen Stellen von einer Räumung abhalten zu können, indem wir auf diese Weise die personelle Auszehrung innerhalb der Besetzerschaft – viele fuhren, als die Sommerferien kamen, ganz selbstverständlich in Urlaub, als sei nichts Besonderes geschehen! – nach außen hin kaschierten. Dutzende von Künstlern, zum Teil heute international bekannt, hatten sich in den leerstehenden Hallen ihre Ateliers eingerichtet. In kürzester Zeit entstanden überall faszinierende bunte Wandbilder, die von den Medien in alle Welt verbreitet wurden. Die alte Maschinenhalle wurde zu *dem* Veranstaltungsort der Region. Hier traten Kevin Coyne auf und die Einstürzenden Neubauten, Hanns-Dieter Hüsch gab ein gänsehauterzeugendes, von Blitz und Donner begleitetes Gewitterkonzert, Nico, die einstige Velvet-Underground-Sängerin Christa Päffgen, hauchte ihre morbiden Lieder dort, und der legendäre Ingo Kümmel schaffte es sogar, John

Cage aus New York zu einem Auftritt in die Maschinenhalle zu lotsen.

Im Stollwerck selbst wurde gelacht, geweint, gekifft und gesoffen, gelebt und geliebt, als ob es die Außenwelt nicht gäbe. Das war die eigentliche Faszination dieser Tage. Denn es waren nur Tage. Lange ging das nicht so, denn es gab ja das Außen, und zwar nicht nur außerhalb der Mauern, sondern, wie sich immer deutlicher herausstellte, auch drinnen, in und bei uns selbst. Es begann damit, daß der Dreck überhand nahm. Man konnte es deutlich an den Klos sehen. Fritz, einer unserer selbstlosesten Idealisten, der u. a. die Toilette versorgte, wurde von Tag zu Tag bleicher und trauriger. Irgendwann war er dann einfach weg. Die Punk-Szene, die damals ziemlich hart drauf war, postierte sich direkt neben dem Eingangsbereich und lebte sich mit allen Exzessen, die dazugehörten, voll aus, natürlich auch Kloppereien und »Mutproben«, in jedem Fall Alk, Alk und nochmals Alk. Es bildeten sich -zig unterschiedliche Cliquen, die im weitläufigen Gelände ihr eigenes Terrain absteckten und mit den anderen nicht mehr groß was zu tun haben wollten.

Ein türkisches Kind stürzte in einem Fahrstuhlschacht der unübersichtlichen Gebäude zu Tode, und die Spekulantenriege schob diesen Vorfall natürlich, von der Stadt Köln vorbildlich assistiert, den Besetzern in die Schuhe. Im Gegenzug entstand das Gerücht, bei diesem Todesfall habe es sich um einen Auftragsmord der Wirtschaftsbonzen gehandelt, um uns in den Augen der Öffentlichkeit zu diskreditieren. Überhaupt gab es die unglaublichsten Gerüchte, Wahrheit und Erfindung verwirrten sich unter dem Druck, den Räumungsgerüchte täglich neu ausübten, zu einem kaum noch entwirrbaren Knäuel. Krampf und Kampf gaben sich die Hand. Auch die harten Drogies von der Firma Heroin & Co. hatten sich mittlerweile eingefunden. Sogar manche der Anfangsbesetzer, von denen viele gleich ihre Kinder mitge-

bracht hatten, bekamen nun zunehmend mulmige Gefühle. Die Küchengruppe und die »Sicherheitsgruppe« entwickelten sich zu einer Art Mafia. Und was das Schlimmste war: Unsere »Verhandlungsgruppe« – im ganzen fünf Leute! – maggelte in Geheimtreffen mit den Politikern in Richtung eines Rückzuges und unserer Auflösung. Und wir anderen alle hatten vom Plenum aus nicht die Kraft, sie daran zu hindern beziehungsweise sie kurzerhand abzusetzen, obwohl wir weitgehend um ihre Maggeleien wußten! So war es denn mit der eigentlichen Besetzung schon nach zwei Monaten vorbei. Der letzte Akt war ein freiwilliger Rückzug, der dann aber von der Polizei noch einmal massiv beeinflußt wurde, und so kam es schließlich doch noch zu einer Knüppelorgie gegen uns arme »Chaoten«.
Trotzdem war es für alle, die mit Hand und Herz bei diesem Wahnsinns-Abenteuer dabei waren, ein elementares Erlebnis, das wohl trotz allen Frusts keiner missen wollte. Unter den diversen Klosprüchen im Stollwerck gab es einen, der unsere Situation damals und vielleicht die Situation überhaupt haarscharf widerspiegelte: »Wir haben keine Chance: Nutzen wir sie!«
Um ein wenig von der Stimmung damals zu vermitteln, lasse ich hier den Text meines letzten internen Stollwerck-Flugblattes folgen, in dem meine damalige Wut zum Ausdruck kommt.

»UND JETZT KOMMT DER BAGGER UND RÄUMT ALLES WEG?
Wir haben das Stollwerck besetzt. Wir wußten nicht, was damit auf uns zukam.
Wir haben ein Zeichen gesetzt in Köln, und weit über Köln hinaus: Es zogen Menschen ein, die sich die Freiheit nehmen, ihre Sehnsucht nach einem Leben ohne die Überwachung durch Polizei, Geld, Beruf und Familienmoral zu verwirklichen.

Es wurden Bilder an die Wände gemalt, die in ihrer Tiefe, Schönheit und Wahrheit in den Museen der Welt nicht zu finden sind. Das ganze Haus steht voller Sprüche, die so klar und wahr sind, wie sie auch der tiefsinnigste Philosoph nicht schreiben könnte. Es wurden Lieder gesungen von einer Art, die alle Zuhörer zum Nachdenken brachte; über ihre, über unser aller Situation. Es wurden Wohnungen eingerichtet, die in ihrer Zweckmäßigkeit und persönlichen Ausgestaltung nicht zu überbieten sind.
Es wurden Zukunftsträume geschmiedet, wie wir uns vor dem Geld-Moloch und das Viertel vor der »Sanierung« retten könnten. Und jetzt kommt der Bagger und räumt alles weg? Das kann doch nicht wahr sein! Aber es ist wahr!
Wegen einem Sozi Herterich, der sich ins richtige Licht stellen will für die Kölner und vermutlich hauptsächlich die Bonner Polit-Mafia? Wegen der Gewalt und dem Schmutz, der sich anfangs zwangsläufig einschleicht, wenn Menschen unterschiedlicher Erziehung und Stellung innerhalb dieses Systems (das wir doch alle bekämpfen wollen!) zusammenleben und miteinander klarzukommen versuchen? Wegen einer Verhandlungsgruppe, deren Aufgabe es gewesen wäre, Zeit für uns rauszuschinden, damit wir uns finden können, das richtige Leben im falschen! Die es aber wahrhaftig fertiggebracht hat, und zwar 100 mal besser als der Herterich selbst es jemals könnte, uns zu einer freiwilligen Räumung zu überreden?! Mit »Knackpunkt« nach innen und »Imperativen Mandat« nach außen! Wegen eines Plenums, dem die Zeit nicht gegeben wird, die Spaltung zu überwinden zwischen denen, die das Reden gelernt haben, und denen, die es nicht gelernt haben? Wegen eines Plenums, das von den eigentlichen Stollwerck-Bewohnern mehr und mehr gemieden und sogar verachtet wurde, weil ihre Probleme durch die »Auswärtigen« und die Angsthasen zerredet wurden, und weil in letzter Zeit fast nur noch über Herterich-Scheiße diskutiert wurde?!

Was wollen wir denn?
Wollen wir uns immer wieder dem ungeheuren Kapitaldruck beugen, der auf dem Volk lastet und der unser Leben grau und schrecklich macht? Oder wollen wir ihn wirksam bekämpfen, auch wenn wir uns dabei selber in den Arsch treten müssen, von wegen Angst vor der Schmier und anderen Sachen!?
Wollen wir uns immer wieder in unseren kleinen, vom System erwünschten, geschützten und kontrollierten Kreis zurückpfeifen lassen und uns mit Alkohol und Drogen trösten? Oder wollen wir eine Menschengemeinschaft verwirklichen, auch wenn die Angst vor dem anderen oder auch vor sich selbst dabei manchmal unerträglich zu sein scheint!?
Wollen wir singen: Das ist unser Haus, und hier gehen wir freiwillig raus? Oder wollen wir Stollwerck zum Bollwerk machen!?
7. Juli 1980, Klaus der Geiger.«

Das war die Stimmung damals. Heiß und leidenschaftlich. Immerhin ist einiges davon doch geblieben. Die Maschinenhalle als Veranstaltungsort und auch die Künstlerateliers gab es noch einige Jahre. Erst mit dem endgültigen Abriß der letzten Halle – an die heute nur noch die alte Kompressionsanlage, die zum Industriedenkmal gemacht wurde, erinnert – siedelten einige der Künstler über in den Rheinauhafen und gründeten dort ihr Kunsthaus Rhenania, dem es allerdings in naher Zukunft – im Zuge der von der Stadt durchgeführten Rheinauhafen-Verplanung – erneut an den Kragen gehen dürfte. Doch das ist nicht das einzige, was aus der Besetzungszeit geblieben und heute noch wirksam ist. Der sogenannte »qualitative Austausch der Bevölkerung«, den manche Politiker damals vorhatten – sprich: Arme raus in Betonsilos vor der Stadt, zahlungskräftige Yuppies mit Designerkrawatten rein – wurde immerhin erfolgreich abgeblockt. Statt haufenweise teure Eigentumswohnungen für die gutbetuchte Klüngelklientel bauen zu können, wurde die Stadt zu einem Sozialwohnungskonzept gezwungen. Nirgendwo in einer deutschen Großstadt gibt es heute so viele gut bezahlbare Sozialwohnungen in vergleichbarer Innenstadtlage! Auch die Ausländer wurden nicht, wie ursprünglich geplant, verdrängt, sondern integriert, indem jedes Haus eine bestimmte Anzahl aufnehmen muß. Eines der zentralen Gebäude der alten Fabrik, der sogenannte Schoko-Riegel, blieb stehen und wurde ebenfalls – wenn auch nicht nach dem Konzept der von uns damals erstellten »Musterwohnung« – hauptsächlich zu Sozialwohnungen umgebaut. Damit und mit manchem anderen ist die langfristige – man sagt ja wohl »strukturelle« – Wirkung der Besetzung noch über Jahrzehnte, sogar über Generationen hin sichtbar.

> *Wir haben keine Chance – nutzen wir sie!*
> 1. Neulich wach ich auf in meinem Stollwerck-Bett und finde alles gar nicht mehr so nett.
> Das wundert mich am Anfang sehr, denn wir sind ja noch drin: was will man noch mehr?
> Und doch braucht der Mensch noch mehr im Leben als das Dach überm Kopf! Ohne Gemeinschaft und Liebe ist jeder ein armer Tropf.
>
> 2. Einen Monat sind wir schon drin, das tut mich schon freun; doch ich seh die zerkloppte Gitarre: dann ist mir zum Heulen!
> Und ich weiß, das Leben ist schwer hier, nicht immer nur schön. Da braucht nicht mal die Schmier vor meiner Matratze zu stehn! Und ich weiß, wir packen's zur Zeit nicht gemeinsam mehr an. Und da ist die Schmier nicht mehr nötig, denn da sind wir dran!

3. Mein Freund möcht von mir schon gar nichts mehr wissen; daß ich im Stollwerck bin, findet er, ach so beschissen! Ich frag mich manchmal, warum ich dies tu, selbst im Schlaf find ich keine Ruh!
Sanierung hin, Sanierung her, die Politkräcks wissen's ja selbst nicht mehr.
Ich denk noch immer, das ist 'ne gute Sach, wenn ich was bessres im Stollwerck mach.

4. Denn die Stollwerck-Sache, das ist eine große Sache, hier kam zusammen, was sich sonst niemals trifft, weils verboten ist. Denn sonst ist es so, daß sich jeder ganz schnell in sein Eckchen verpißt.
Beim einen stehn Blümchen, beim anderen muß immer der Wind hineinwehn. Der eine lebt nachts und der andere muß täglich zur Arbeit hingehn. Der Staat, der bewacht dann unsere Gemeinschaftlichkeit. Und mit der ist es dann nicht mehr weit!

5. Da solln wir hin, doch das wollen wir nicht, wo keiner mag den andern nicht. Und jeder in sein eigenes Klöchen pißt, und keiner die Sprüche vom andern liest.
Und da stehn wir immer noch verliebt, daß es ein richtiges Leben im falschen gibt. Wir haben keine Chance: nutzen wir sie.

Februar '95. Gestern war ich im Knast. Eingeladen von den Knackis und einer Sozialarbeiterin bzw. von der Gruppe, die das Knastradio macht. Ich bin mit Eck nach Ossendorf gefahren: Horror in Beton. Zynische bis galgenhumorige Beamte am Eingang, dann Schleusen, Gänge, ewig lang, schwere Eisentüren, eine nach der anderen, – zig, vor uns aufgeschlossen und hinter uns direkt wieder abgeschlossen, hundertfache Sicherheit, damit bloß keiner entkommt: entkommt aus der Kälte, aus der Häßlichkeit, dem Haß, der Lieblosigkeit. So jedenfalls kam's mir vor. Aus Horror wird Sicherheit, aus Sicherheit wird Horror. Dann der Theatersaal, ein niedriges, kinoähnliches Gebilde, etwa 300 Plätze, dreiviertel besetzt. Alles Männer. Heute mittag spielen wir noch mal, dann für die Frauen. Wir waren mit unserem Auftritt die ersten. Nach uns wurde es laut: Electronic-Hypno-Power. Beim zweiten Auftritt, dem für die Frauen, wurden wir gleich nach dem zweiten Lied (»Nein, nein, wir wolln nicht eure Welt«...) gestoppt. Interessanterweise aber nicht etwa von der Sozialarbeiterin, sondern von einer »Kalli«, einer Kalfaktorin, also einer Gefangenen mit Privilegien, dafür aber auch mit Funktionen – so'n blonder Schuß im schwarzen Mini, die die ganze Zeit auf dem Schoß von Hassan saß, einem politischen Gefangenen. Die Knackis waren schwer sauer darüber, daß wir so schnell aufhören sollten, und gaben uns, als wir rausgingen, demonstrativ Beifall, in das Programm der nächsten Gruppe rein. Das hat uns natürlich mächtig gefreut.

Drei Tage später. Ich bin der Stadt für ein paar Tage entflohen. Nachdem ich schon monatelang mit Kotz und Schmerz, Magen oder was immer, bis zum wahrhaft Gehtnicht-mehr rumlaufe, habe ich mich jetzt in Rolfs zauberhaften Zirkuswagen eingeladen, und gleich geht's mir besser. Der Wagen steht auf einem Hügel, um mich herum welliges Eifelwiesenland, durchsetzt mit einigen Wald- und Heckenstücken. Die Sonne scheint durch die wunderschönen, bunten Glasfenster – Rolf ist Tiffany- und außerdem Lebens-Künstler, Philosoph und »Weißer Wolf«. Ich sitze hier an dem urigen Tisch, einer langen, dicken, in ihrer ursprünglichen Wuchsform belassenen Eichenbohle, schaue in den wind- und wolkendurchpusteten Himmel und denke: Mensch, das Leben ist doch verdammt schön! Andererseits: Wie schwierig, frustrierend und belastend kann es sein, wenn man es immer nur einseitig mitkriegt – wiederum andererseits: Et kütt, wie et kütt. Erneut andererseits: Kann man überhaupt was drehen da dran? Na, ich weiß nicht. Wenn das nicht ZEN ist, dann weiß ich's wirklich nicht.

Deutschland im Bauwagen

Mein Freund Jürgen, stets bedacht auf den Erhalt seiner individuellen Freiheit, andererseits aber immer auf der Suche nach sinnvoller und freundschaftlicher Gesellschaft, hatte sich einen alten Bauwagen zugelegt und als Wohnung ausgebaut. Darin wohnte er jetzt, bei Bekannten irgendwo im Bergischen Land. Es trieb ihn aber um, er wollte reisen, und so kaufte er sich einen alten 15-PS-Trecker, Marke Fendt, und tuckelte damit durch deutsche Lande. Begeistert kam er wieder zurück und begeisterte nun auch mich. Ich wiederum begeisterte Ulla, die sich schon länger überhaupt nicht wohl fühlte in der Mainzer Straße, und so kaufte auch ich so ein altes Gefährt – einen Bauwagen und einen alten Eicher-Trecker –, baute alles mit Hilfe eines befreundeten Schreiners zu einer voll funktionierenden fahrbaren Wohnung aus, und im nächsten August – die Stollwerck-Besetzung war erst mal vorbei – zogen wir zum ersten Mal zusammen mit Jürgen los. Wann immer unser Geld alle war, fuhren wir in die nächstbeste Stadt, machten Straßenmusik, und dann ging's weiter, meistens zu wunderschönen Stellplätzen irgendwo am Waldrand oder in der Nähe kleiner Ortschaften. Wir lernten Deutschland auf diese Weise aus der Warte der »Fahrenden« kennen, und weil wir alle drei große Naturliebhaber waren, sahen wir besonders das grüne Deutschland, grün in Tausenden verschiedenen Schattierungen. Deutschland ist ja wun-

derschön. Die Romantiker lügen keineswegs, wenn sie davon schwärmen. Um so schmerzlicher erlebten wir dann allerdings auch die Naturverschandelung und den Raubbau, den man auf so einer Bauwagentour allenthalben zu sehen kriegt.
Es ist ein großer Unterschied, ob man die Welt als »Fahrender« oder »stationär« erlebt. Als Fahrender läßt man die Vergangenheit quasi hinter sich und lebt – viel ausschließlicher, als man dies stationär bewerkstelligen könnte – den Moment und sein näheres Umfeld. Mir ging's wenigstens so. Es war ein bißchen wie Urlaub: kein Telefon, keine einengenden beruflichen Verpflichtungen, immer neue Eindrücke, immer neue Leute. Obwohl ich das Geld für unseren Lebensunterhalt natürlich wie zu Hause auch verdienen mußte. Und die Straßenmusik in den »fremden« Städten war viel härter als in Köln, wo ich ja schon Fans hatte. Was die Leute betrifft, so gab es freundliche und feindliche. Beide Seiten waren neugierig, aber nur bei den Freundlichen

1. Bauwagentour (1979)

drückte sich die Neugier in Teilnahme, Hilfe – die man auch und gerade in der Fremde braucht – und zeitweise sehr herzlichen Einladungen aus. Bei den Feindlichen dagegen mutierte die Neugier zu Neid, Mißgunst, Drohungen und Verboten. Die Zigeuner kommen, treibt die Hühner von der Straße! hieß dann das Motto. Man ist nahezu vogelfrei. Aber wenn man sich darauf einrichtet, dann kann man die Freiheit, die im Vogelfreisein ja auch drinsteckt, sehr genießen. Eines meiner wichtigsten Lieder aus dieser Zeit ist das Bauwagenlied.

Bauwagenlied
Eine Baubud' auf vier Rädern, das ist unser Heim.
Eine Baubud mit 'nem Ofen, denn der muß schon sein.
So zieh'n wir durch das Land,
'ne ahle Traktor davor gespannt;
Eine Baubud' auf vier Rädern, das muß sein.
Im Herbst, da fuhren wir aus Köln hinaus,
den Kopf noch voll mit Streß und Stadtgebraus'.
Doch gleich die erste Nacht
ham' wir im Wald verbracht.
Der trieb uns unsern Streß zum Kopp hinaus.
Der Himmel war mit Sternen übersät,
so wie es nur in Märchenbüchern steht.
Dazu rauschte der Wald sein uralt Lied,
und auch ein Bächlein nebenan sang silbern mit.
Und plötzlich sah ich – ein Indianergesicht,
es spricht zu mir unterm Sternenlicht:
»Willkommen, Bruder, Weißer Mann, im Paradies.
Du warst mein Mörder, doch ich bin eins mit dir.
Hier zählt nicht mehr das Du, das Ich,
der Mensch als Herr der Welt;
Hier singt der Saft des Baumes und des Blutes
vom Leben im Sternenzelt.

Hier zählt die Zeit nach dem Laub, wenn es fällt
im Herbst vom Baum herab.
Hier zählt kein Plan, kein Acht-Stunden Tag,
womit ihr euch schaufelt euer Grab.
Du nimmst, was du brauchst – und gibst, was du hast.
Nix Bibel, nix Paragraph.
Hier zählt kein Geld, keine Wissenschaft,
womit ihr euch blind macht und taub.
Du bist mein Bruder, doch du hast
zu oft ein Mördergesicht.
Die Erde ist unsere Mutter, und die
bringt man nicht um.«
Mich packt ein Grausen, mir perlt der Schweiß
aus 1000 Poren heraus.
Ich denk noch: Der spinnt! Und weiß doch:
Der hat recht!
und taumel' in mein Bauwagenhaus.
Das hab' ich gekauft und hab's ausgebaut
nach meinem eigenen Plan.
Und doch ist mir klar: Der Kerl weiß genau,
warum ich so selten froh sein kann.
Am nächsten Morgen sitz' ich
auf meinem Traktor drauf.
Fort tuckerten wir durch's Land, bergab und bergauf.
Ich umarmte manchen Baum, ich spürte seine Kraft.
Es war auch meine Kraft, nicht nur im Traum!
Ich denke: Nanu! Is' was mit mir?
Warum bin ich so plötzlich unbeschwert?
Die Leut', die waren lieb; die Schmier' war zu ertragen;
sogar der Förster ist mal bei uns eingekehrt!
Und überall, da sah ich das alte Gesicht,
wie es aus 1000 Ängsten und Sorgen ausbricht.
Ich seh' es auch bei dir; ich weiß es auch in mir:
das Gesicht vom Indianer in dem Wald.

Wir fuhren schließlich nicht nur, wie eigentlich vorgehabt, zwei, sondern insgesamt fünf Jahre! Sechs Sommer, von '79 bis '84 im Bauwagen durch Deutschland. Die ersten beiden Jahre ging es zusammen mit Jürgen, das dritte Jahr allein – d. h. die beiden Kinder, Ulla und ich –, und die beiden letzten Jahre zusammen mit einer ganzen Horde von Bauwagen-Freaks, dem Zirkus »Rollender Hexenkessel«. Darüber könnte man einen ganzen Roman schreiben, mache ich hier aber nicht. Doch damit überhaupt etwas darüber berichtet wird, übergebe ich die Erzählung für eine Weile an Ulla...

»Es gibt ihn noch, unseren Bauwagen, mit dem wir Tausende von Kilometern durch Deutschland gefahren sind, jedes Jahr ein paar Monate. Die Idee war mir sehr recht, da ich mich in der Wohngemeinschaft, in die ich umständehalber eingezogen war, noch nicht heimisch fühlte. Außerdem roch das Unternehmen nach Abenteuer. Schon die Zeit, bis das Gefährt endlich startklar war, verlief ziemlich spannend. An unserem Aufbruch nahm dann die ganze Nachbarschaft Anteil.
Unterwegs spielte sich unser Leben auf 10 Quadratmetern ab, unter ganz anderen Bedingungen als in einer Wohnung. Jeden Tag mußte Holz gemacht werden, um den Ofen zu füttern, in einer großen Kanne und Kanistern mußte Wasser geholt werden, und zwar reichlich, für's Trinken, Spülen und Waschen. Unsere abendliche Beleuchtung bestand aus Kerzen, das war zwar gemütlich, aber zu spärlich, um noch etwas zu werkeln oder zu lesen.
Es dauerte eine ganze Weile, bis wir uns an das Wagenleben gewöhnt hatten, aber irgenwann stellte sich eine Art Alltag ein. Die Abläufe wurden mit der Zeit vertraut. Trotzdem blieb es immer spannend, es passierte immer wieder etwas Neues, und da man fährt, ist man auch immer wieder an an-

deren Orten und trifft immer wieder andere Menschen. Wir hatten manche brenzlige Situation zu überstehen, bei Pannen etwa, wenn wir mit einem Platten am Straßenrand standen – was nicht nur einmal passiert ist –, oder wenn wir irgendwo im Matsch steckengeblieben waren und alleine den Wagen nicht mehr flott bekamen oder wenn wir gar den Trecker buchstäblich in zwei Hälften zerlegen mußten, um ein bestimmtes Teil zu erneuern.

In den beiden ersten Jahren sind wir mehr für uns gewesen, sind in die Natur gefahren und haben uns möglichst schöne, abgelegene Plätze gesucht, wobei wir so manches paradiesische Fleckchen entdeckt haben. Natürlich mußten wir dazu nicht selten auf verbotenenen Wegen fahren, und das waren immer die schönsten. Da gab es auch schon mal Zoff mit den Förstern, die sich als Herren des Waldes aufspielten. Im Hochsauerland beispielsweise, wo wir kurz vor der Dämmerung auf einer kleinen Asphaltstraße ziemlich tief in den Wald hineingefahren waren und dachten, wir wären gut versteckt, wurden wir am nächsten Morgen prompt vom Oberförster unter unglaublichen Schimpfkanonaden aus dem Wald gejagt. Wir konnten nicht mal zu Ende frühstücken. Auch mit Jagdpächtern, die sich durch uns auf ihrer Pirsch gestört fühlten, gab es schon mal Ärger. Wir konnten von Glück reden, wenn wir einmal nicht entdeckt wurden. Aber dann haben wir die Natur in vollen Zügen genossen. Wie freuten wir uns, wenn wir eine Quelle entdeckt hatten! Wie oft sind wir zum Pilzesammeln losgezogen und haben uns dann an den schmackhaftesten Pilzgerichten gütlich getan. Wir haben kistenweise Äpfel am Straßenrand geerntet. Jahreszeiten und Wetter prägten unser Leben, wir waren nicht in den zivilisatorischen Wohlstandswattebausch gehüllt. Zugegeben, manchmal war es auch sehr schwierig. Wenn wir uns beispielsweise nach ein paar Regentagen immer noch eine einigermaßen gute Laune bewahrt hatten, dann war das eine

Superleistung. Wenn wir aber dann von Leuten eingeladen wurden – meistens waren es Landkommunen, bei denen wir ein paar Tage stehen konnten –, dann haben wir uns um so mehr gefreut. Nicht zuletzt, weil wir zivilisatorische Errungenschaften, wie etwa eine Waschmaschine, von Zeit zu Zeit wirklich gebrauchen und genießen konnten.
Wir haben viele Leute kennengelernt, zum Teil sind daraus ganz tiefe und bis heute wichtige Freundschaften entstanden. Aber längst nicht alle Menschen sind uns offen und vorurteilsfrei begegnet. Auffällig waren wir ja schon allein dadurch, daß wir oft genug einen Verkehrsstau verursachten und die Autofahrer in der Schlange hinter uns dann nervös oder stinkig hinter ihrem Steuer hin- und herrutschten und nur darauf lauerten, endlich an uns vorbeipreschen zu können. Außerdem ließ es sich so ziemlich jede Polizeistreife – selbst wenn sie uns entgegenkam und erst wenden mußte – nicht nehmen, uns zu kontrollieren. Das war oft reine Schikane. Einer dieser »Helden«, aus Schwäbisch Hall, wollte unser Gefährt doch tatsächlich einmal stillegen: wir dürften damit gar nicht herumfahren, also auch nicht weiter. Aber der konnte schließlich zum Glück nicht ewig neben uns stehen bleiben, und kurz nachdem er weg war, waren wir dann auch weg, auf schnellstem Weg aus dem Landkreis raus.
Es gab aber auch nette Polizisten, das muß man ehrlicherweise sagen. Da war zum Beispiel »Oskar, der freundliche Polizist«, der uns auf dem Parkplatz des Weserstadions in Bremen entdeckte und dann lange bei uns im Wagen saß und sich mit uns unterhielt. Sogar am nächsten Morgen kam er noch mal mit einem Kollegen vorbei, erkundigte sich nach unserem Befinden und aß uns dabei jede Menge Chapatis – die Brotfladen, die wir jeden Morgen auf unserer Ofenplatte machten – weg.
Manchmal wurde die Polizei auch von irgendwelchen

mißtrauischen Leuten gerufen, vor allem dann, wenn wir unseren Stellplatz in der Nähe eines Ortes gesucht hatten. Vogelfrei, so fühlten wir uns oft. Es passierte uns nicht nur einmal, daß wir – standen wir mehrere Tage an einem Platz, und das hatte sich dann in Windeseile rumgesprochen – zum Ziel regelrechter Besichtigungstrips wurden, wobei die Leute meistens allerdings gebührenden Abstand wahrten, oft noch nicht mal aus ihren Blechkisten ausstiegen. Wenn sie aber dann ihre Skepsis und Scheu doch überwanden, wurde daraus oft eine herzliche Kommunikation und wir auch schon mal mit allen möglichen leckeren Sachen beschenkt. Manch einer wäre dann ganz gerne auch mitgefahren. Michel aus Gießen hat's gemacht, bis Köln.

Während wir anfangs hauptsächlich auf Naturerlebnisse aus waren, zog es uns später zunehmend dahin, wo etwas los war: 1981 sind wir mit dem Trecker und Wagen zu einem Festival in den Hunsrück gefahren und zum Hüttendorf gegen den Ausbau der Startbahn West des Frankfurter Flughafens, 1983 zu den Aktionen gegen die Nato-Herbstmanöver. Das alles ließ sich, dank unseres mobilen Hauses, mit der Tatsache, daß wir zwei kleine Kinder hatten, bestens vereinbaren.

Wir lernten auf den Bauwagentouren auch zunehmend andere Leute kennen, die ebenfalls unter die Fahrenden gegangen waren. Es begann sich eine richtige Szene zu entwickeln. 1983 besuchten wir in der Nähe von Bremen einen Wagenplatz und gerieten dabei zufällig in ein erstes Treffen von Leuten, die gemeinsam als Truppe herumziehen wollten, um dabei theater- und zirkusmäßig etwas auf die Beine zu stellen. Anders als wir, die wir ja wieder nach Köln wollten, hatten die meisten von ihnen schon keine feste Wohnung mehr. Entsprechend phantasie- und liebevoll waren ihre rollenden Domizile ausgebaut. Wir staunten nicht schlecht, was da an Ideen verwirklicht worden war! Damals standen wir das erste Mal in einer Wagenburg – es war ein phantastisches Gefühl. Diese Gruppe, genannt der »Rollende Hexenkessel«, bestimmte fortan unsere Touren. Zweimal standen wir in diesem Jahr zu etwa 20 Leuten in etwa 10 Wagen für eine Woche bei Freunden zusammen, um uns aneinander zu gewöhnen, miteinander zu leben und schrittweise ein gemeinsames Programm zu entwickeln, das die Grundlage für eine große Tour im folgenden Jahr werden sollte. Mit großer Begeisterung probierten wir alles mögliche aus: Jonglieren, Bauchtanz, Musik, Theatersketche, Puppenbau und -spiel. Am Ende wurde jeweils ein Fest veranstaltet, das allen Beteiligten und den Zuschauern großen Spaß machte.

Im Mai 1984 trafen wir uns dann in Bülitz im Wendland, wo wir erst einmal sechs Wochen auf einer schönen Wiese verbrachten. Es kamen noch neue Leute dazu, denn unser Vorhaben hatte sich weiter herumgesprochen. Insgesamt hatten wir da draußen eine schöne Zeit. Aber es stellte sich bald heraus, daß die Erarbeitung eines Programmes nicht so einfach war. Es gab doch sehr unterschiedliche Voraussetzungen und Ansichten, so daß jede Menge Gruppenprozesse bewältigt werden mußten. Manche hatten schon Erfahrung mit Auftritten auf der Straße und bei Veranstaltungen, vor allem die Musiker, aber es gab auch viele, für die war alles völlig neu, und sie mußten erst einmal für sich entdecken, wozu sie überhaupt Lust hatten und was sie dann zu einer gemeinsamen Sache beitragen konnten. Entsprechend gewaltig gingen die Ansprüche und Erwartungen an die Gruppe auseinander. Hinzu kam, daß das gemeinsame Geldverdienen keine wirkliche Notwendigkeit war, da die meisten von irgendwoher Geld hatten. Und es gab, wie in einer großen Gruppe immer, allerhand persönliche Auseinandersetzungen, die alles auch nicht gerade erleichterten. Aber wir verbrachten auch gute Zeiten, in denen wir unseren Spaß miteinander hatten und kleinere Aufführungen auf die Beine stellten. Insgesamt machte sich

der Streß, den wir mit uns selber hatten, allerdings immer mehr bemerkbar, und es schlich sich zunehmend Frust ein. Von unseren großartigen Zielvorstellungen waren wir weit entfernt. Dennoch versuchten wir einen Sommer lang, den Traum vom »Rollenden Hexenkessel« zu verwirklichen.
Im Herbst fuhren wir Vier dann mit einem lachenden und einem weinenden Auge zurück nach Köln. Der Rest der Truppe überwinterte gemeinsam und fuhr auch im nächsten Jahr zunächst zusammen weiter. Allerdings nahm die Fluktuation stark zu, die Gruppe fiel immer mehr auseinander. Für uns war die Zeit der großen Bauwagentouren vorbei. Ein Jahr später kam Stephan in die Schule – und in den sechswöchigen Sommerferien bleibt nicht genug Zeit für derlei Abenteuer. Es war für uns alle aber eine wichtige Zeit, die uns enorm bereichert hat. Heute steht der Bauwagen bei unseren Freunden in Neumühlen, in der südlichen Lüneburger Heide, und der Trecker lebt dortselbst.«

Bauwagenzeit

Soweit also Ulla.

Anfang Dezember, mit Einsetzen des ersten Schneefalls, waren wir nach der ersten Tour wieder in Köln. Ulla bereitete sich auf die Geburt ihres und unseres zweiten Kindes vor, das am 21. Januar 1980, einen Tag nach meinem 40. Geburtstag, zur Welt kam.

Jetzt hatten wir also gleich zwei Kleinkinder, und trotzdem oder vielleicht gerade deshalb trieb es uns wieder *on the road*. Denn das Leben ist mit kleinen Kindern mitten in einer großen Stadt nicht gerade ideal. Streß, Hektik, Abgase, Lärm, vier Stockwerke rauf und runter, um im Park das tägliche Quantum frische Luft zu tanken – so ist es normal, aber eben ziemlich beknackt. Also zogen wir im nächsten Jahr wieder los, erneut Richtung Osten und anfangs wieder zusammen mit Jürgen. Diesmal ging es allerdings schon im Juni los, durch das wogende grüne Meer der Kornfelder und Wiesen vor der ersten Mahd. Wir fuhren meist an den Flußläufen entlang, am liebsten die Täler aufwärts, immer in Richtung guten sauberen Wassers. Denn Wasser, das wurde uns auf der Bauwagentour ganz neu bewußt, ist immer noch das Lebenswichtigste, und wir brauchten es ja nun, mit zwei Babies und der ganzen Windelei, in größeren Mengen. Natürlich benutzten wir, um die Herausforderung zu verschärfen, keine Pampers. Auf diese Weise gelangten wir oftmals an traumhaft schöne Stellen, wo wir dann tagelang verweilten. Die Kinder konnten durch die Gräser kriechen und wir durch Busch und Wald oder in der Sonne liegen. Das war dann wie im Paradies.

Diesmal drangen wir mit dem Bauwagen etwas tiefer in den Süden vor, besuchten eine befreundete Familie im Hohenloher Land bei Schwäbisch Hall, verkrachten uns dann aber mit Jürgen. Weil beide Parteien dickschädelig waren, zog jeder allein seines Weges. Ulla und mich verschlug es im weiteren Verlauf dieser Tour an die Startbahn West am Frankfurter Flughafen, wo wir fast einen ganzen Monat im Hüttendorf der Startbahn-Gegner blieben. Etwas ähnliches wie dieses Hüttendorf hatte ich bis dahin noch nicht gesehen. Es lag mitten im Hochwald, und jede Hütte war anders. Von Erdhöhlen über primitive Buden, wie wir sie als Jungen gerne gebaut hatten, bis zu raffinierten »Bungalows« war alles vertreten. Zwar waren nicht alle Hütten ständig bewohnt, doch am Wochenende füllte sich das Dorf merklich, und mit etwa 80 bis 100 Hüttenbewohnern konnte man immer rechnen. Sie kamen aus allen möglichen Orten der Nachbarschaft, aus Darmstadt, Wiesbaden, Mainz, Aschaffenburg oder Hanau – aber natürlich hauptsächlich aus Frankfurt. Verpflegung kam fast jeden Tag aus Walldorf und Mörfelden, von den dortigen Bürgerinitiativen gegen die Startbahn West, durchweg älteren Leuten, meist Frauen. Die Hüttendorf-Bewohner dagegen waren überwiegend jüngere Menschen. Eines hatten dabei alle, ob sie nun hochgradig politisch waren oder nicht, gemeinsam, nämlich die Liebe zum Wald und den Hang zum Abenteuer. Dreck und Sauerei, wie ich sie von der Stollwerck-Besetzung her kannte, habe ich im Hüttendorf nie gesehen, auch nicht, wenn am Wochenende Hunderte von Besuchern und »Touristen« durch's Dorf geströmt waren.

Die Atmosphäre war schon morgens freundlich und locker, und man hätte eigentlich kaum glauben können, daß hier in Wirklichkeit ein echter Bürgerkrieg im Gange war. Dem war allerdings doch so, man konnte es schließlich auf Schritt und Tritt merken. Im Wald und auf der Okrifteler Straße fuhren ständig Polizeipatrouillen hin und her, und zwei Tage, nachdem wir das Hüttendorf in Richtung Heimat verlassen hatten, ging es knallhart zur Sache, und alles ging zu Bruch. Wir waren gerade in Wiesbaden angekommen, und obwohl die Räumung des Hüttendorfes absehbar gewesen war, packte Ulla und mich doch eine ungeheure Wut. Ich schrieb innerhalb einer Nacht drei Knaller-Lieder und ging mit diesen drei Songs eine Woche lang Tag für Tag auf die Wiesbadener Fußgängerzone, wo ich sie immer und immer wieder sang, bis zur absoluten Heiserkeit. Und das lohnte sich: Das Volk, das mich anfangs fast als einen Verrückten ansah und mich das auch spüren ließ, hörte, je heiserer ich wurde, mehr und mehr zu. Später gesellten sich dann ein paar Musiker aus der Wiesbadener Rockszene zu mir, und ich bat sie, mit mir zusammen eine Aufnahme zu machen. Ich holte noch Bijan dazu, einen jungen Musiker, den ich im Stollwerck kennengelernt hatte, und wir machten in einem Wohnzimmer – innerhalb von fünf Stunden und ohne jegliches Playback oder anderes Brimborium – eine ganze LP mit dem Titel »Es ist Krieg«. Leider kam sie nie auf den Markt. Der Trikont-Verlag übernahm zwar die Kosten, veröffentlichte die Platte aber nie. Ich bin bis heute der Überzeugung, daß dies die engagierteste Musikaufnahme war, die ich jemals gemacht habe. Die Startbahn West-Erlebnisse forcierten bei mir eine politisch wieder viel intensivere Art von Straßenmusik. Die betrieb ich denn auch, nachdem ich wieder in Köln gelandet war. Auch der Kreis der Kollegen hatte sich verändert. Jürgen und Toni waren ausgestiegen, aber dafür war Stollwerck-Nachwuchs zur Stelle, Bijan und Paul. Dazu kamen noch meine beiden »Großen«, Markus und Antje, die sich immer mal wieder in das Straßenmusik-Geschehen einklinkten. Zuweilen spielten wir mit einer Gruppe von 12 Musikern auf der Schildergasse! Das war natürlich viel zu viel, nicht nur für uns, sondern auch für die Geschäftsleute, und sie setzten wieder einmal alle Hebel in Bewegung, um dieses »Kölner Straßenmusiker«-Unwesen zu stoppen. Vergebens. Es kam zwar zu häßlichen Showdowns mit halbtägiger Gefangennahme meiner Person im Polizeipräsidiumskeller am Waidmarkt, aber es nutzte ihnen nichts. Ich hielt durch und ging sogar noch gestärkt aus jeder Verhaftung hervor.

Mieterkämpfe

Ich habe schon angedeutet, daß sich die Südstadt, bedingt durch Sanierung, Stollwerckabriß und die immer stärker in Erscheinung tretenden diversen Immobilienspekulanten, in einem unaufhaltsamen Wandel befand. Viele arme Leute und Gastarbeiterfamilien zogen weg, Begüterte und Singles zogen zu. Die teils über hundert Jahre alten Häuser mit schönen, großen, geräumigen Wohnungen wechselten in immer kürzeren Zeitabständen die Besitzer, und nach jedem Besitzerwechsel war das Haus dann ein paar hunderttausend Mark teurer. Die ursprünglichen Hausbesitzer, die so ein Haus ihr Leben lang bewohnt, besessen und verwaltet, oftmals schon geerbt hatten, verschwanden nach und nach aus dem Geschäft. Dafür machten sich allenthalben Kaussen und jede Menge kleinerer Geier breit. Kaussen-Häuser konnte man daran erkennen, daß die Hausfassaden erst mal bunt angemalt wurden. In unserem Haus wurden zunächst die Steigleitungen und Elektroinstallationen erneuert, um die Mieten erhöhen zu können. Schon damals kamen die Spekulanten auf den Trick, ein Haus zur permanenten Baustelle umzufunktionieren, um den Mietern dadurch ihre Wohnung zu verleiden. Denn alle hatten nur eines im Sinn: das Geschäft mit den Eigentumswohnungen. Dafür mußten die Mieter aber erst mal raus, damit zum Beispiel eine Wohnung wie die unsere notdürftig saniert und aufgepeppt werden konnte, um sie dann für etwa vierhundertfünfzigtausend Mark zu verscherbeln. Sie nannten das damals das »Hausherren-Modell«.
Es funktionierte anfangs auch ganz hervorragend. Der Run auf Südstadtwohnungen war gewaltig und der Druck auf die Mieter auch, so daß viele resignierten und auszogen. Zumal mancher Spekulant, wenn es denn nicht anders zu machen war, einen Auszug mit ein paar Tausendern honorierte. Wir

hatten uns aber vorgenommen, den Kampf gegen unsere Spekulanten aufzunehmen, und schlossen uns erst mal mit den Bewohnern unseres und des Nachbarhauses, die denselben Besitzer hatten wie wir, zusammen. Dieser Zusammenschluß bedeutete praktisch, daß, wenn immer der Hausbesitzer eine Mietpartei – er nahm sich natürlich immer nur eine vor, um uns auseinanderzubringen – wegen irgendwelcher Kündigungsgründe vor den Kadi zerrte, stets alle Mieter beider Häuser zu der Verhandlung erschienen und der Richter große Augen machte. Damit nicht genug, machten wir regelrechte – natürlich unangemeldete – Demonstrationen für den Erhalt unserer Mietwohnungen, mit Kind und Kegel, immer um den Chlodwigplatz herum, und benannten die Spekulanten und ihre Methoden in aller Öffentlichkeit beim Namen. Das war diesen Typen gar nicht angenehm und ihren Geschäften auch nicht gerade zuträglich. Denn nun begannen es sich die Zahnärzte, Doppelverdiener und anderen wohlsituierten Herrschaften zu überlegen, ob sie sich so eine Wohnung zulegen sollten oder besser nicht. Solange das alles nämlich im Verborgenen abgehandelt werden konnte, schien es o.k. Aber als es öffentlich wurde, kriegten sie Skrupel, die Guten. Unsere letzten Spekulanten, die »Firma« R&S, waren dafür geradezu ein Paradebeispiel: drei Spezies, die nichts hatten außer Hypotheken, und auf diese Hypotheken kauften sie Häuser. Das funktionierte natürlich nur so lange, wie sie die Häuser »termingerecht« – also so schnell wie möglich – »entmietet« und in Eigentumswohnungen zerlegt hatten, um sie zu einem Vielfachen des Kaufpreises wieder zu verkaufen. An uns bissen sie sich allerdings die Zähne aus. Unser Beispiel war öffentlichkeitswirksam und machte Schule. Und irgendwann war's dann so weit: Die Banken ließen unsere Spekulanten fallen, und die waren weg vom Fenster. Das bedeutete für uns aber nicht etwa die Erlösung, sondern nur die Halbzeit in der Auseinandersetzung, denn jetzt hatten wir die Banken am Hals. Aber davon später.

Die Lebensqualität von uns Städtern ist eigentlich eine denkbar schlechte. Alles ist zwar auf kürzestem und schnellstem Wege zu erledigen, der Einkauf, der Arztbesuch, das Kino, die Kneipe, das Straßenverkehrsamt, meist auch die Arbeit oder die Schule; man kann auch, wenn man's mal nötig hat, in der anonymen Masse untertauchen oder sich gepflegt oder ungepflegt besaufen. Nur: Es dreht sich alles allein um den Menschen, von der Natur kriegt man so gut wie nichts mehr mit. Dabei gibt es sie natürlich, die Natur, auch in den Städten. Man vergißt sie nur meist bei all' dem Gewusel, das einem Tag und Nacht in die Quere kommt – es sei denn, sie kommt in Gestalt von Hochwasserkatastrophen oder verheerenden Stürmen daher. Aber die hat man eine Woche danach auch schon wieder vergessen. Andererseits habe ich beobachtet, daß gerade Städter manchmal ganz besonders sensibel sind für Naturerlebnisse, sei es der Vollmond, ein gleißender Sternenhimmel, ein sonniger Tag, der erste Schnee, gute oder schlechte Luft oder der wogende, rauschende und blubbernde Rhein. Auch die Bäume gehören dazu, von denen es in der Stadt viel zu wenig gibt, im Vergleich zu dem vielen Beton und Asphalt. Aber diese wenigen Bäume sind dafür zum Teil sehr auffällig und schön.
Einen solchen wunderschönen Baumbestand gab es Anfang der 80er Jahre in Köln, mitten in der Stadt, am Kaiser-Wilhelm-Ring Nähe Christophstraße, inmitten der Ringstraße, bestehend aus etwa 20 bis 30 über 80jährigen Linden und Platanen, eingebettet in eine alte, halbvergessene Parkanlage. Die Stadtverwaltung, scharf darauf, kommunale Steuergelder und etwaige Landeszuschüsse – also auch Steuergeld – auf Deubel komm raus zu verbraten, plante einen U-Bahnbau sowie eine Tiefgarage für die dort ansäs-

sigen Versicherungsgesellschaften. Und obwohl nebenan der alte Gereons-Bahnhof – der jetzige, total defizitäre Media-Park – schon jahrelang leer stand, mußte das alles unter diesem alten Park gebaut werden. Dafür sollten die Bäume weg.

Natürlich waren die Anwohner dagegen, aber da der Ring nun mal hauptsächlich Geschäftsstraße ist, konnten sich die paar wirklich dort wohnenden Anwohner gar nicht vorstellen, erfolgreich gegen die Pläne der Stadtverwaltung und der Versicherungsgesellschaften anstinken zu können – bis auf zwei von ihnen, Kurt und Gerd, und die legten allerdings dann, jeder auf seine Art, volle Kanne los. Kurt kam aus der Politszene und hatte die entsprechenden Verbindungen und Techniken drauf, Gerd war von Beruf Ingenieur, entwickelte aber ein gewaltiges persönliches Engagement für die Bäume. Er kletterte beispielsweise eines Tages auf zwei der höchsten Bäume und befestigte ganz oben schwarze Trauerfahnen, die keiner wieder ohne weiteres runterholen konnte. Er war es auch, der mich überzeugte, in diese Sache einzusteigen. Das brachte den Widerstand ins Rollen. Denn mit mir stieg die halbe »Mainzer Gang« sowie die halbe »Zollstock-Family« – seinerzeit Gäste im Tabernakel – ein.

Wir besetzten den Platz mit unseren Bauwagen und Zelten und schafften auf diese Art ein kleines Widerstandsdorf mitten in der Stadt. Das war natürlich ein Anziehungspunkt ohnegleichen, und wir konnten uns über mangelndes Interesse nicht beklagen. Halb Köln fuhr tagtäglich mit der Ringbahn an unserem Dorf vorbei und las die riesigen Transparente, die wir zwischen den Bäumen aufgehängt hatten. Die »Kölner Straßenmusiker« klotzten 'ran wie die Berserker, Tag für Tag sangen und spielten wir in der Schildergasse für »Platania« – das wurde der Name für unser Widerstandsdorf und unseren Widerstand –, verteilten Flugblätter und sammelten Unterschriften gegen das Abholzen der Bäume. Innerhalb von zwei Wochen hatten wir einundzwanzigtausend Unterschriften zusammen und die Zusage von Bläck Fööss und BAP, auf dem Gelände jeweils ein Open-Air-Konzert zu geben. Das wurden zwei riesige und tolle Veranstaltungen, zu denen sich Tausende von Kölnern und Kölnerinnen einfanden. Aufgrund dieses gewaltigen und regen Zuspruchs der Bevölkerung dachten wir schon, wir könnten die Abholzung stoppen. Doch wir hatten uns getäuscht. Zwischen Sympathisantentum und aktivem Widerstand besteht noch ein gewaltiger Unterschied. Die Stadt war zwar schwer verunsichert und angeschlagen, ließ aber eines Morgens in aller Herrgottsfrühe das ganze Gelände mit fünfzehnhundert Bullen umstellen, so daß keiner mehr drauf kam. Die paar Leute, die in den Zelten oder Bauwagen schliefen, wurden kurzerhand »evakuiert«, sechzehn Leute mit Spezialeinheiten von den Bäumen runtergeholt, dann kamen die Sägen und die Schredder, und in knapp drei Stunden standen da schließlich nur noch Bullen und Baumstümpfe. Hinter der Polizeikette stand jede Menge Volk und ein paar weinende Platanier. Ich auch. Ich heulte wie ein Schloßhund, das weiß ich noch ganz genau. Das wenigstens tat mir gut.

Wenn ich mir heute das Gelände anschaue, dann sehe ich eine rechtwinklige, lieblose Parkanlage vom Reißbrett, die Petersilienanpflanzungen »geschützt« durch das in Köln neuerdings allenthalben verwendete Eisenrohrgestänge, und ein paar Büsche. Eine Baumreihe haben sie stehen lassen, dazu ein rechteckiges Wasserbecken, »gepflegte« Bänke, auf denen keiner sitzt, »gepflegte« Wege, auf denen keiner sich ergeht. Der Unterschied zu der vielleicht etwas schmuddeligen, aber freien, anheimelnden und weitgehend naturbelassenen und von Menschen und Hund gern genutzten Atmosphäre der ehemaligen Parkanlage ist überdeutlich. Überall müssen sich heute Bürokraten mit ihrer Phantasielosigkeit verewigen, ihren Einzäunungen und Abgrenzungen, ihrer Gewächshausnatur, in der alles pflegeleicht und gut zu kontrollieren ist – und möglichst wenig benutzt wird. Damit es länger hält, Hauptsache, es kostet Geld.

Februar '95. Es gibt heilige Sachen auf der Welt. Das zu erkennen, tut tatsächlich gut. Ich habe ein tolles Erlebnis gehabt, ein Schwitzhüttenritual indianischer Art. Mitten in der Eifel, mit lauter dermaßen urigen Gestalten, daß ich glaubte, die alten Hippie-Zeiten wären wieder auferstanden. Dabei dachte ich oft, diese Sachen wären unwiederbringlich passé. So kann man sich also irren, wenn man in seinem kleinen und engen Rahmen hängenbleibt – wie ich das, trotz meiner diversen gesellschaftspolitischen Aktivitäten, anscheinend in den letzten Jahren getan habe.
Als ehemaliger Hippie, der ich nun mal bin, derzeit fünfundfünfzig Jahre alt, macht man sich ja ganz gerne lustig über Esoteriker und Rainbow-Leute, ohne eigentlich zu wissen, was die in Wirklichkeit treiben. Also dachte ich mir, als ich vorgestern zur Schwitzhütte eingeladen wurde: Nimm's mal mit, kann ja nicht groß weh tun, Sauna ist gesund. Um so überraschter war ich dann, mit welcher Ernsthaftigkeit, Tiefe und Wahrhaftigkeit dieses Ritual durchgeführt und durchlitten wurde und wie effektiv es für mich war. Von wegen Sauna!
Es herrschte scheußliches Wetter. Schneeregen, die Wiese ein einziger Matschbrei, von den Schafen und Ziegen des Gastgebers eindeutig vorpräpariert, darauf ein Iglu-artiges, niedriges Weidenrutengestell, das von den etwa 25 Teilnehmern des Rituals erst mal mit vielen Decken bekleidet wurde, bis innen absolute Dunkelheit herrschte. Dann präparierten wir gemeinsam mit Reisig und Zeitungspapier eine ein paar Meter davon entfernte Feuerstelle, stellten uns alle drum herum, und jeder bekam eine Art Pflasterstein, aus Basalt, in die Hände gedrückt. Der Schwitzhüttenleiter – der nicht nur Michael

hieß, sondern auch ein Gesicht und eine Ausstrahlung hatte wie ein Erzengel, ansonsten aber ein echter Eifelianer war – bestimmte nun anhand einer Dakota-Tradition die Steine als jeweils zugehörig zu den Mächten der vier Himmelsrichtungen, personifiziert durch Mutter Erde, Vater Sonne, Großvater Himmel und Bruder Büffel und ihre jeweiligen Wirkungsbereiche. Jeder von uns legte dann der Reihe nach seinen Stein auf das Reisig und sprach einen ganz persönlichen und dazu passenden Wunsch aus. Die Atmosphäre war absolut nicht lächerlich oder peinlich, obwohl die Wünsche zum Teil sehr intim und persönlich waren und stets laut geäußert wurden.
Nach der vierten Runde wurden dann die Steine noch einmal mit Reisig überdeckt und darüber ein Scheiterhaufen errichtet. Der wurde an vier Seiten angesteckt und vom Feuerhüter weiterhin betreut, während wir uns mit dem Schwitzhüttenleiter in die Wohnung unseres Gastgebers begaben, wo Michael uns ausführlich über das Ritual und seinen Sinn aufklärte sowie, in einer ganz einfachen, dafür um so eindringlicheren Art und Weise praktische Ratschläge gab. Dann ging's wieder 'raus zum mittlerweile lodernden Feuer. Wir zogen uns aus und stellten uns zunächst um die Feuerstelle herum, denn es war ja saukalt, naß und ungemütlich, und dann krochen wir in das Iglu hinein, allesamt, in zwei Reihen. Wer härter im Nehmen war oder sich schon auskannte, nahm in der vorderen Reihe Platz. Auf Anweisung von Michael brachte nun Georg, der Feuerhüter, auf einer Mistgabel einige glühende Basaltsteine heran, die mit einem geweihähnlichen Gestell in eine Mulde im Zentrum der Schwitzhütte gelegt wurden. Alles war sehr persönlich; auch die Steine wurden persönlich angesprochen, begrüßt und mit Salbei, einem Kraut der Reinigung, gesegnet. Dann wurde Wasser herangetragen, ebenfalls begrüßt, dann die Hütte durch den Feuerhüter von außen dicht gemacht.
Nun hockten wir um die glühenden Steine in der Finsternis.

Michael begann die Steine mit Wasser zu begießen, und die Art, wie er das tat, machte in Verbindung mit der Aufforderung, bestimmte Dinge zu sagen, zu denken, zu fühlen, zu erzählen oder bestimmte Lieder zu singen, die eigentliche Wirkung des Rituals aus. Ich kann hier nicht alles genau beschreiben: Michael legte uns übrigens auch nahe, über die persönlichen Dinge, die innerhalb der Schwitzhütte geredet wurden, außerhalb nichts zu erzählen. Es waren jedenfalls mindestens fünf Gänge, zwischen denen der Eingang jeweils geöffnet wurde und wir manchmal auch rauskrochen, denn es war zuweilen ungeheuer heiß. Es endete alles mit einem Heilungsritual für alle Kranken unter den Teilnehmern, also auch mich, der ich mit Magen und Rücken zu tun habe. Dazu erzählte uns Micha eine wunderschöne Heilungsstory, die ich hier, wenn ich sie überhaupt noch zusammenkriege, aufschreiben möchte: »Stell dir vor, du wandelst auf Mutter Erde auf einem Weg mit allen Beschwernissen der Welt, und du kommst an eine Höhle, und da gehst du rein, und du gehst immer tiefer hinein in die Höhle und steckst plötzlich vor einem Loch, das in die Tiefen der Erde führt. Da springst du hinein, und du fällst und fällst, senkrecht hinab, fällst, schwebst – und fällst in einen Wald, und inmitten dieses Waldes steht ein riesengroßer, uralter Baum mit einem gewaltigen grünen Blätterdach und weitverzweigtem Wurzelwerk, und vor dem Baum steht ein kleines verwachsenes gnomenartiges Wesen, das dich einlädt in das Innere des Baumes. Du gehst hinein, steigst das Wurzelwerk hinab, immer tiefer hinab, wie auf einer Wendeltreppe, und befindest dich schließlich in einem Raum, der besteht aus grünem Licht. Ein Licht, das gut tut, nur gut. In diesem Raum bleibst du und läßt dieses Licht auf dich einwirken, besonders da, wo es dir weh tut.«

Dies etwa die Heilungsgeschichte in Kurzfassung. Dann wurde jeder von uns noch individuell behandelt. Und ich muß sagen: Mir hat das alles sehr gut getan, ich fühlte mich wie neu geboren. Danach aßen wir noch alle zusammen etwas, und es herrschte eine sehr freundliche, liebevolle Atmosphäre.

Platania war vorbei. Aber durch die Räumung entwickelte sich ein anderes existentielles Problem: Etliche Leute hatten in unserem Widerstandsdorf richtig gewohnt, etwa in meinem Bauwagen und einer großen Jurte, und jetzt, wo alles kaputt und abtransportiert war, blieben diese Leute obdachlos zurück. Andererseits standen bei uns im Haus in der Mainzer Straße, im Zuge der »Entmietungs«-Strategien unserer Hausbesitzer, mittlerweile zwei Wohnungen leer. Wütend und geladen wie wir waren, gab es für uns überhaupt keine Frage, was zu tun sei. Wir besetzten einfach, zusammen mit den obdachlosen Platanieren, diese beiden Wohnungen und harrten der Dinge, die da kommen sollten. Diesmal hatten wir Glück, denn just in der Zeit flog die Firma wegen irgendwelcher Betrugsmanöver auf, und den Banken war es vorerst einmal recht, daß die Wohnungen überhaupt belegt waren. Zumal wir von vornherein Miete zahlten! Damit entwickelten sich gleich zwei neue Wohngemeinschaften in unserem Haus, wodurch unsere Position im Kampf um das Haus ganz erheblich gestärkt wurde. Denn jetzt ergab sich eine neue Situation: Es gab keine »Hausbesitzer« mehr im hergebrachten Sinn, sondern die Banken verwalteten die Konkursmasse und versuchten sie zu verscherbeln. Also eigentlich dasselbe, was der Hausbesitzer vorher auch versucht hatte, nur daß diesmal der Vorgang »Zwangsversteigerung« hieß, und dabei gelten so gut wie keine Mieterrechte mehr.
Zu diesen Zwangsversteigerungen, die jetzt alle naselang stattfanden, tigerte unsere bunte und abenteuerlich auftretende Schar jedesmal geschlossen hin – war der Zwangsversteigerungssaal voll –, um den jeweiligen potentiellen Käu-

fern klarzumachen, auf was sie sich einlassen, wenn sie unsere Wohnungen kaufen. Dadurch blieben dann nur noch ganz wenige Interessenten übrig; allerdings wurden die Wohnungen mit jedem weiteren Zwangsversteigerungstermin billiger, so daß sich schließlich zwei unterschiedliche Käufertypen herauskristallisierten. Der eine war gewillt, unserem mittlerweile gegründeten Verein ALFONS – Allgemeine Lebens-Freude oder: Nie sauer! – beizutreten und uns in den Wohnungen zu belassen; den anderen Typus bildeten die kleinen Spekulantenratten, die geil waren auf die Billigpreislage. Die konnten wir nur dadurch stoppen, daß wir selber mitsteigerten. Also sammelten wir nach einer dramatischen Sitzung – in der es darum ging, ob wir nun vom Hausbesetzer zum Hausbesitzer zu mutieren gedächten, aber auch um die Ängste von Suse und meiner Tochter Antje, die kurz vor ihrer Niederkunft standen – unter uns Geld und ersteigerten die Wohnung selbst. Nicht nur eine, sondern gleich zwei! Die anderen Wohnungen im Haus wurden von unserem Fördermitglied ersteigert, und damit konnte uns endlich keiner mehr rauswerfen. Damit war aber auch der Mieterkampf für uns zu Ende.

Klagemauern

Für mich als Straßenmusiker allerdings nicht. Es entwickelte sich vielmehr eine höchst ereignisreiche jahrelange Fortsetzung, und zwar auf der Schildergasse. Der früher schon einmal erwähnte Walter Herrmann, mein Mitstreiter bei allen möglichen Gelegenheiten – unbesiegbar, weil das ungeheuerlichste Stehaufmännchen, das mir je begegnet ist –, dieser Wunderknabe hatte sich in den Kampf gegen die Wohnungsnot maßgeblich eingeklinkt und zettelte wunderbare Aktionen an. Von Plakataktionen über gestörte Zwangsräumungen, Wohnungsamtbesetzungen bis zu einer »Kölner Klagemauer gegen Wohnungsnot« mitten auf der Schildergasse. Im letzteren Fall stellte er um den sogenannten »Pimmelbrunnen« am Kaufhof einen Kreis von Dachlatten auf und spannte dazwischen Schnüre. Dann schnitt er aus Paketpappe etwa Din-A-5-große Kärtchen und legte sie auf einem Tischchen bereit, zusammen mit ein paar Filzstiften. Schließlich forderten er oder ich die Bevölkerung auf, ihre jeweiligen Wohnungs-bzw. Mieterprobleme auf diesen Kärtchen aufzuschreiben. Die beschrifteten und bemalten Kärtchen hängte er dann an den Schnüren auf, so daß sie jeder lesen konnte. Das war eine der wirkungsvollsten Installationen, die ich je erlebt habe. Allerdings bedurfte es zu ihrer Durchsetzung und permanenten Verfügbarkeit schon solcher »Verrückten« wie Walter Herrmann und Klaus dem Geiger. Meine Aufgabe dabei war es, die Sache anzukurbeln und die Leute aus dem Volk, die ja auf der Schildergasse in erster Linie konsumorientiert sind, dazu zu bringen, ihre zum Teil wirklich tragischen und schweren Probleme bezüglich ihrer eigenen Wohnungssituation mittels Beschriften der Kärtchen zu veröffentlichen. Das ist für die meisten Menschen gar nicht so einfach. Aber als es einmal angelaufen war – und es lief sehr langsam an! Ärg hösch! wie man in Köln sagt –, da wurde es auch gleich faszinierend und spannend – für alle. Denn was auf den Kärtchen steht, ist immer wahrhaftig und immer sehr persönlich. Zwei nicht zu unterschätzende Faktoren des menschlichen Zusammenlebens.

Walter Herrmanns Aufgabe war es, diese seine Installation aufzubauen, auszubauen und zu hüten. Letzteres war die absolute Härte, der reinste Dostojewski-Roman. Die Klagemauer wurde sechzehn- oder achtzehnmal zerstört; Walter selbst x-mal abgeführt, eingelocht, sogar nächtens angezündet, immer wieder verprügelt – aber tags drauf war er immer wieder da. Und damit die Klagemauer gegen Wohnungsnot auch. Nach solcherlei Wirkungen begann ich die Härten, die Walter von seiten der »Obrigkeit« bzw. irgendwelcher dumm-dreisten Faschoköppe angetan wurden, durch Lied oder Flugblatt zu »veröffentlichen«. Das hatte einen sehr starken Solidarisierungseffekt – was danach, wie die mit Walter umgesprungen sind, bitter nötig war, aber auch für die Sache, um die es ging, nämlich für »Wohnen ist Menschenrecht«. Das wiederum hatte die Wirkung, daß sowohl das Ordnungsamt als auch die Faschoköppe mit jeder neuen Aktion gegen die Klagemauer – mit oder ohne »Freunde und Helfer« – bei der Bevölkerung auf immer deutlichere Ablehnung stießen – und das ging bis ins »Körperliche«. Vermutlich waren alle heilfroh, zumindest anfangs, als Walter vom Pimmelbrunnen zum Dom umzog. Daß sie sich damit einen noch dickeren Brocken aufgeladen hatten, das dämmerte unser aller Verwaltern wohl erst später.

Mit Hilfe der »Klagemauer gegen Wohnungsnot« bin ich sogar zum ersten Mal nach über vierzig Jahren wieder fast bis zu meiner Geburtsstätte, zumindest aber in mein Geburtsland, nämlich nach Sachsen, vorgestoßen. Das war Anfang 1990, die deutsch-deutsche Mauer war gerade drei Monate zuvor gefallen, und die gegenseitige Neugier, was die jeweiligen Lebensumstände von Ost und West anbetraf, war gewaltig. Mittlerweile hatte sich um die Klagemauer ein ansehnlicher Unterstützerkreis gebildet, und als Walter mit der Idee kam, die Klagemauer auch einmal in Leipzig aufzubauen, fuhren wir mit einem ganzen Club dorthin, zwei PKWs vollbeladen mit uns und den Kärtchen der Kölner Klagemauer. Völlig ungestört von der Obrigkeit bzw. der ehemaligen Obrigkeit, die zu dieser Zeit logischerweise lieber unsichtbar blieb, bauten wir unsere Installation auf dem Nicolaiplatz auf. Dort stand sie dann, ungläubig bestaunt von Tausenden von Leipzigern, fast dreißig Tage lang. Ich

Vor der Klagemauer

selbst war zwar nur fünf Tage dabei, doch das Erlebnis dieser Tage war gewaltig.

Ohne uns vorher besonders abgesprochen zu haben, erfüllte jeder von uns seine spezielle Aufgabe. Ich sang und spielte, Walter baute auf, Eva und Wolfgang mischten sich in die zahlreichen Diskussionen ein, die natürlich zwangsläufig entstanden, und verteilten unser Flugblatt. Die dortige Bevölkerung staunte und wollte es nicht so recht wahrhaben, was da in bezug auf das Wohnen alles auch auf sie zukommen würde. Zumal wir heftige Konkurrenz hatten. Denn sie waren alle gekommen, die Großkopfeten und Polit-Wessies, der Kohl, der Brandt, der Riesenhuber, der Genscher und so weiter und so fort, und sie hatten dem staunenden Volk alle etwas zu sagen, die frohe Botschaft vom freien Westen. Von den beschämenden Folgen einer Politik, die auch ein Wohnen in Würde dieser Freiheit, nämlich der marktwirtschaftlichen, unterordnete und Wohnungen damit zu reinen Spekulationsobjekten degradierte – *davon* haben diese Jubel-Wessies bei ihren damaligen Osttourneen natürlich wohlweislich geschwiegen.

Anfang Mai '95. Bin wieder in Leipzig gewesen, zu einem Straßenmusikfestival, das von denselben Leuten organisiert war, die 1989, noch ein paar Monate vor dem Mauerfall, das erste Mal solch ein Straßenmusikfestival in der DDR angezettelt hatten und dafür damals noch von der Polizei im Großaufgebot verjagt und teilweise verhaftet wurden. Ich hatte mich an »Milch und Blut« angehängt, eine Hildesheimer RAKi-Gruppe – was RAKis sind, erzähle ich später. Die haben sich über meine Mitwirkung gefreut und ich mich auch, weil ihre Lieder wunderbar sind, und ich hänge diesbezüglich derzeit so'n bißchen in den Seilen. Aber gesungen habe ich trotzdem, und es war phantastisch, wie gut die Lieder bei den Leuten ankamen. Stark wie das Feedback, das wir dadurch empfingen, war auch unsere Musik. Auf der Straße sind die Leute freier, so daß es ihnen hin und wieder auch mal glückt, zuzuhören, und zwar offen, und daraufhin sind auch wir frei genug, »offen« zu spielen. Das passiert natürlich nicht immer, aber wenn es geschieht, dann sind das die Glücksmomente im Straßenmusikerdasein.

Das Festival war insgesamt prima. Überall standen Musikgruppen und spielten, und es schien mir, daß die Leute nicht nur bei uns gut zuhörten. Zwei Top-Gruppen habe ich gesehen, eine russische und eine ungarische. Die fünf Musiker aus Ungarn – drei Geiger, ein Bassist, ein Sänger – spielten, genau wie wir, fast bis zum Umfallen. Dem Primas hätte ich gerne meinen Rundbogen empfohlen. Die Hälfte der Haare an seinem Bogen hing schon zerrissen runter, ich kenne das von früher bei mir auch. Aber so'n bißchen gehört das ja auch zur Show. Die Russen machten eine abwechslungsreiche und witzige Musik, mit vielen Showeinlagen, sollen auch gute Texte gehabt haben. Sie spielten abends noch vor Mikrofonen in der Moritz-Bastei.

Ansonsten hat sich Leipzig, seit ich vor fünf Jahren da war, nicht groß verändert. Überall wird gebaut, aber in welcher großen Stadt wird nicht überall gebaut? Das Volk erscheint mir noch genauso wie vor fünf Jahren.

Mai '95. Hiroshima-Tag. Wir haben an der neuen Klagemauer am Dom eine sehr gute Veranstaltung durchgezogen. Denn »Mahnmal für den Frieden, gegen Krieg, Rassismus und Gewalt« ist der Name der Klagemauer heute. Eine Inka-Gruppe machte den Anfang, und dann kamen die »Grauen Panther«, der Chor der gleichnamigen Kölner Seniorenvereinigung, alles Omis, nur zwei Opis – und bestens drauf! Sie singen alte Volksliedermelodien, machen aber knallharte neue Texte dazu. Zum Beispiel nehmen sie das Lied »Die Gedanken sind frei«, verändern den Text und enden dann mit

»Es bleibet dabei: Auch kämpfen macht frei!« Wenn diese alten Menschen so was öffentlich und engagiert heraussingen, dann hat das etwas sehr Überzeugendes. Dann kam Crazy mit ihren Jungs – Crazy hat noch bis vor einem halben Jahr als Berberin auf der Domplatte gehaust –, da habe ich mich dann mit eingeklinkt. Ich stehe auf ihre Texte, die sie mit ihrer tiefen und klaren Stimme ungekünstelt rüberbringt. Dann redete Katsuo Soda, ein kleiner, etwa 65jähriger Mann, Überlebender aus Hiroshima. Er erzählte, wie es für ihn war: Er und seine Familie befanden sich etwa zweieinhalb Kilometer vom Epizentrum entfernt, und obwohl sie im Haus waren, tötete die Bombe alle Familienangehörigen bis auf zwei sofort, die aber ein paar Monate später auch starben. Er war der einzige, der überlebte. Seine Rede war sehr gut, bezog sich auch auf die jetzt angedrohten Atomwaffenversuche von Chirac auf dem Mururoa-Atoll. Danach hab' ich dann kräftig vom Leder gezogen und vier Lieder gespielt: eins über den Bombenabwurf von Hiroshima und die zu Ehren der Piloten gegebene Gala-Fete beim Ami-Präsidenten; eins über unser aller Empfindungen kurz nach der Reaktorexplosion in Tschernobyl und einen Graffiti-Sprayer, der den Spruch »Die Strahlen gehen auch durch dein dickes Fell« an eine Hauswand sprüht und dafür von einem dummen Spießer angemacht wird; »Menschen, Brüder und Schwestern« zum Jugoslawien-Krieg sowie »Frankreich, Frankreich« über die Atomwaffenversuche auf Mururoa und Chirac. Alles kam bestens an, und es war eine sehr gelungene politische Veranstaltung, mitten im Volk. Zwar standen nicht Tausende um uns herum, aber Hunderte waren es doch.
Wir haben derzeit, was die »neue« Klagemauer angeht, richtig Glück. Offiziell darf sie ja am Dom gar nicht mehr stehen. Alle Prozesse sind verloren. Aber die Kirche traut sich doch nicht, die Klagemauer abräumen zu lassen. Dann würde es Kirchenaustritte nur so hageln, ganz abgesehen von den fol-

genden Auseinandersetzungen auf der Domplatte. Dann müßte dort dauerhaft ein Polizeirevier installiert werden! Deswegen wird jetzt die diplomatische Verhandlungsschiene gefahren, um »dem Recht Geltung zu verschaffen«. Dem Walter ist das alles gleich. Er macht seinen Job so gut und engagiert wie immer – und er reagiert, wenn's sein muß. Dann organisiert er wunderbare Veranstaltungen wie den Hiroshima-Tag oder auch den alljährlichen »St.-Martins-Zug der Obdachlosen«: Er und seine Helfer und Helferinnen bauten ein hölzernes St.-Martins-Pferd und setzten es auf Rollen. Auf diesem Pferd saßen dann Jan, Crazy und ich, spielend und singend, und mit uns zogen an die tausend Obdachlose und Sympathisanten einmal die Hohe Straße rauf – was verboten ist – und wieder runter. Dann gab es einen Weckmann an der Klagemauer und eine Tasse Kaffee, und dann ging's mit Pferd die Treppe runter in den Hauptbahnhof hinein – auch verboten –, wo wir unsere Abschlußkundgebung gemacht haben: Mozarts »Kleine Nachtmusik« im Streichquartett, komplett durchgespielt! Die Aufmerksamkeit der zahlreichen Passanten und Reisenden war so intensiv, daß ich manchmal das Gefühl hatte, man hätte – trotz der Zugansagen aus den Lautsprechern – eine Stecknadel zu Boden fallen hören können.

Mein Freund Detlef Hartmann, der uns in Sachen neuer Klagemauer vor Gericht gegen die Katholische Kirche vertritt, hat in einer wunderbaren Klageerwiderung der Hohen Domkirche zu Köln nachgewiesen, daß diese, aus ihrem eigenen christlichen Selbstverständnis heraus, überhaupt kein Recht hat, die Klagemauer entfernen zu lassen. Eine solche Forderung kann sie nur aufrechterhalten, wenn sie Jesus in die Mottenkiste sperrt und dafür Onkel Dagobert als neuen Chef engagiert. Denn die Gründe, die die Kirche für das Abräumen der Klagemauer vor ihrem Hauptportal anführte, sind genauso mies und unchristlich wie die der Stadtverwaltung: Es geht ihr allein um den Besitzstand – Walter Herrmann hat seine Hütte und Teile der Klagemauer direkt am Dom aufgestellt – und um den Erhalt eines »sauberen« Erscheinungsbildes rund um den Dom, wobei allerdings die zahlreichen Obdachlosen, mit denen sich die Klagemauerbetreiber solidarisiert haben, das offiziell gewünschte Erscheinungsbild der Domplatte – sauber, problemlos und postkartenglatt – nachhaltig stören. Mehr Schein statt Sein. Moralisch sauber erscheinen wollen, aber in Wirklichkeit Drecksack sein. Zumal in früheren Zeiten gerade die Obdachlosen und »Kranken« um den Dom herum – und auch darin – ihre angestammten Daseins- und »Arbeits«-Rechte hatten, die ihnen von niemandem eingeschränkt, geschweige denn weggenommen werden durften. Heute dagegen kann jeder Polizist die Obdachlosen ohne großes Aufheben verscheuchen – wenn eben die Klagemauer nicht wäre. Die Klagemauer macht die verheerende Situation der Obdachlosen und jungen Punks am Dom und Hauptbahnhof – die bislang von den braven Bürgersleut' aus nah und fern kaum bemerkt wurden, weil sie von Stadt und Kirche unter den Tisch gekehrt wurde – erst sichtbar. Seit Bestehen der Klagemauer tritt das Elend dieser Stadt zunehmend ans Licht der Öffentlichkeit. Und die scheut die Kirche offenbar – wie der Teufel das Weihwasser.

Von RAK bis Rock

Was die oben erwähnte RAK ist, wollt ihr wissen? RAK – das sind die Anfangsbuchstaben von »Rotzfreche Asphalt-Kultur«, was wiederum die Bezeichnung für etwa hundert autonome und gesellschaftskritisch ausgerichtete Straßenmusiker und Kabarettisten ist, die sich ungefähr zweimal im Jahr treffen. Dann machen wir gemeinsam Straßenmusik, essen, reden und schlafen und veranstalten üblicherweise noch ein bis zwei

»Gala«-Abende, damit die Unkosten für das Treffen wieder reinkommen. Wer die RAK gegründet hat, ist mir nicht klar. Aber ich war, ohne es zu wissen oder zu wollen, maßgeblich und ursächlich daran beteiligt. In den späten Siebzigern gab es mittlerweile etliche Straßenmusikgruppen, die eine ähnliche Schiene fuhren wie ich, die nämlich ihre gesellschaftspolitische Meinung und Botschaft auf diese wirksame Weise an die Frau und den Mann zu bringen trachteten. Alle diese Gruppen hatten, genau wie ich, Schwierigkeiten mit der Obrigkeit, weil sie kräftig gegen die obrigkeitlichen Regeln in den Fußgängerzonen anwerkelten, die ja ausschließlich dem Interesse der »legalen«, lizensierten Geschäftemacher dienen. Wir kannten uns natürlich untereinander, und jeder nahm mehr oder weniger am Schicksal des anderen Anteil. Hans Altmann vom »Hans-Dampf-Gassentheater«, ein fähiger Kabarettist, kam dann auf den Gedanken einer verbindlicheren Vernetzung. Ich weiß noch, daß ich diese Idee eigentlich gar nicht so gut fand, weil ich eine deutsche Vereinsmeierei befürchtete und selbst möglichst wenig organisatorische Verantwortung übernehmen wollte. Trotzdem verbreitete sich der Gedanke, und plötzlich war sie da, die RAK – mit einem dicken Treffen in Braunschweig, vorbereitet von der »Grölgruppe«, und weiteren Zusammenkünften in Würzburg (»Knacko und Konfetti«), Hannover (»Hannoveraner Atommusiker«), Köln (»Kölner Straßenmusiker«) und so weiter und so fort. Jeweils zwei Tage linkes Straßenmusik- und -theater-Eldorado, am Schluß meist ein buntes, endlos langes Konzert, das immer voll besucht war – und zwar bis zum Schluß, auch wenn's bis halb drei morgens dauerte. Von überall her kamen sie angepilgert, spielten zusammen, redeten, diskutierten, aßen und tranken und machten sich und anderen das Leben für ein paar Tage zum Fest. Und wer öfters dabei war, der wurde eben – ein RAKi.

Eine ähnliche Sache wie RAK, aber eben doch auch ganz an-

ders und vor allem neueren Datums, ist die »Gelderlander Streicherbande«. Ein kleines Orchester, bestehend aus etwa 10 Geigerlingen, 2 Cellistinnen, 3 bis 4 Gitarreros und einem Banjo-Spieler. Als ich vor vier, fünf Jahren mal wieder einen Hänger bezüglich meiner wirtschaftlichen Lage und beruflichen Zukunft hatte und gerade ein Prospekt der Bildungsakademie Remscheid auf meinem Schreibtisch lag, beschloß ich in meiner sanften Verzweiflung, mich dort als Lehrer zu bewerben. Ich verfaßte also ein Exposé und bot einen Kursus für Straßenmusik – möglichst mit arbeitslosen Jugendlichen im Ruhrpott – an und einen weiteren mit dem Thema »Jazz für Streicher«. Man lud mich tatsächlich zu einem Gespräch nach Remscheid ein, wo ich eine liebe und rührige Frau, Karin, traf, die von meinen Ideen begeistert war und mir die Möglichkeit gab, einen Straßenmusikkurs – anläßlich des Gelderner Straßenmalerwettbewerbs am Ende der Großen Ferien – sowie einen Jazzkursus in der Bildungsakademie Remscheid durchzuführen. Aber der Termin für den Straßenmusikkurs rückte immer näher, und Karin Hedderich wurde immer nervöser. Denn es gab nur eine einzige Anmeldung, und dabei blieb es auch! Also sagte ich: Schalten wir den WDR ein, der soll über den Kursus berichten, dann kommen so viele, daß wir die Hälfte wieder nach Hause schicken müssen. Schließlich bin ich Klaus der Geiger! Aber Pustekuchen: Denn erstens machte der WDR nix, und zweitens gehen Straßenmusiker natürlich nicht auf Straßenmusikkurse, sondern auf die Straße, wenn sie spielen wollen – und wenn's Bob Dylan höchstpersönlich wäre, der sich da als Lehrer anbieten würde.
Ich komme also zum vereinbarten Termin vormittags in Geldern an und treffe am ausgemachten Treffpunkt, dem überdimensionalen, aber höchst originellen Marktplatz von Geldern, auf eine relativ verschüchterte Karin sowie einen forschen jungen Mann, den Mitveranstalter des Pflasterma-

lerwettbewerbs. Sonst war weit und breit kein einziger Workshopteilnehmer in Sicht. Das war reichlich peinlich. Und als dann plötzlich auch noch ein Kamerateam angerückt kam, um das große Ereignis »Klaus der Geiger gibt einen Straßenmusikkursus« für die Aktuelle Stunde abzulichten, da wurde es erst recht peinlich. Ich aber war immer noch bester Laune, denn ich war gerade mit meinen beiden Jungs und Ulla aus dem Urlaub zurückgekehrt. Also gab's erst mal ein Interview und dann sagte ich, wie in alten Zeiten: Na, soll ich mal einen spielen? Na klar, großes Interesse, und schon hatten wir einen hübschen Kreis Gelderner Bürger um uns versammelt, alles schien o.k. Doch plötzlich kam ein Mensch (einer!) zielstrebig über den Marktplatz geschlendert, einen Saxophonkoffer in der Hand, und fragte: »Ist das hier der Straßenmusikkurs von Klaus dem Geiger?« Da stürzte sich alles auf ihn, und der arme Kerl wußte gar nicht, wie ihm geschah. Vor lauter Schreck ist er später abends dann auch abgehauen. Das Kamerateam zog mit relativ leeren Händen ab, und man führte uns zu unserem Domizil, drei großen weißen Zelten am »Holländer See« – einem wunderhübschen See inmitten einer Parkanlage, ganz in der Nähe des Marktplatzes – und überließ uns beide erstmal unserem Schicksal. Das schien der Straßenmusikkurs gewesen zu sein. Doch siehe, da kam noch ein Interessent: der Guido aus Geldern mit seinem Banjo. Und dann noch einer: der Festl aus Ulm mit seiner Ovation-Gitarre. Jetzt waren wir also schon zu viert und machten uns einen netten Nachmittag und Abend, gut verpflegt vom ortsansässigen Metzger, der uns gleich achtmal Kaffee und achtmal Abendessen vorbeibrachte.

Nach dem Abendessen fingen wir an zu trainieren – vor allem laut zu singen und laut zu spielen – wobei unsere Zielgruppe die Schwäne und Enten waren, die in einiger Entfernung auf dem See schwammen. Dieses Spielchen trieben wir bis tief in die Nacht und den Morgen hinein, am nächsten Tag nach dem Frühstück direkt weiter, und dann fuhren wir nach Duisburg und spielten dort vier bis fünf Stunden auf der Kaiserstraße. Es war mordsmäßig heiß, und ich, der ich meinen »Schülern« zeigen wollte, wie man das Volk zum Stehenbleiben und Zuhören kriegt, war bereits mächtig sauer, denn es schien diesmal nicht zu klappen. Bis ich mich plötzlich umdrehte und bemerkte, daß hinter uns alles gerammelt voll war: Die Leute saßen mucksmäuschenstill auf den Steinmäuerchen oder Bänken der direkt anschließenden Parkanlage und hörten uns schon stundenlang zu! (Also Leute, den Blick immer in die richtige Richtung, das ist wichtig.) Unter den dort Versammelten saß auch Sabine, eine junge Cellistin, die schloß sich uns als Vierte im Bunde direkt an. Es wurde noch ein wunderschöner Abend, der »Zauber der Straßenmusik« wurde wahrhaftig Realität. Später kam sogar noch ein 82jähriger Barde mit einer hellen, überraschend jungen Stimme dazu und sang erotische Liedchen mit kleinen Anzüglichkeiten, und alle Omis schmolzen dahin und knutschten ihn ab. Es war toll.

Der nächste Tag entwickelte sich ähnlich. Vormittags wurde Programm »trainiert«, nachmittags ging's nach Krefeld zum Stadtfest. Es war superheiß und superlaut, alle naselang spielte eine Rockband, und wir bekamen keine Schnitte. Ich war total stinkig, aber meine »Kollegen« überredeten mich abends noch zu einem letzten Versuch, und plötzlich standen an die 300 oder mehr Leute da und waren mindestens zwei Stunden lang vor Begeisterung nicht von der Stelle zu bewegen. So was baut auf, sag' ich euch. Am nächsten Tag in Geldern, an dem die ganzen Pflastermaler – sowie auch Straßenmusiker en masse, da waren sie plötzlich alle! – zugange waren, schossen wir dann klar den Vogel ab. Und Gert und Karin und alle, die sich für diesen Kursus stark gemacht hatten, wurden doch noch glücklich.

»Jazz für Streicher«, der andere Kurs, war ein Kontrasprogramm für mich. Ich kam rein, fünf Minuten zu spät, und fand einen ganzen Saal voller Geigerlinge vor, die mich alle höchst erwartungsvoll anstarrten! Eine bestimmte Clique aus diesem Kursus fand sich dann auch im nächsten Jahr in Geldern ein, und damit war die »Gelderlander Streicherbande« geboren, die mittlerweile richtig erfolgreiche Konzerte durchführt. Ihre Qualität ist nicht so sehr die perfekte Interpretation der Swingstücke oder -lieder, die wir spielen und singen, sondern die fröhliche und spontane Ausstrahlung beim Konzert und die Tatsache, daß alle Beteiligten bei unseren Zusammenkünften gleichviel gelten, egal ob sie besser oder schlechter spielen oder singen als andere.

Doch ich mache in den letzten Jahren nicht ausschließlich Straßenmusik. Spätestens seit dem legendären »Arsch huh-Zäng ussenander«-Konzert weiß man, daß sich auch Klaus der Geiger hin und wieder in der professionellen Rockszene tummelt. Daß dies manchen überrascht, wundert mich nicht, denn es ist in der Tat, wie so vieles im Leben, eine widersprüchliche Sache. Ich gehe zwar immer gern gegen die geradezu totalitäre Macht der Musikindustrie und der elektronischen Musik an, habe aber trotzdem wohl schon mit allen Kölner Größen aus dieser Branche, von Wolfgang Niedecken bis Bläck Fööss, mein Techtelmechtel gehabt. Und ich bin dann immer auch abgefahren auf die spezielle Situation, daß, wenn ich auf so einer Bühne mit meiner verstärkten Geige auch nur'n kleines Pups-Geräusch erzeuge, mir dann plötzlich Tausende zujubeln. In Wahrheit jubeln sie aber gar nicht mir zu, sondern nur einer Art Phantom, das bin zwar auch ich, aber nur im Zusammenhang mit einer Bühnensituation, bei der vor der Bühne Tausende Menschen stehen, die alle auf die Bühne und darauf, was da passiert, fixiert sind. Die Tausende würden dort niemals ohne hauptamtlich tätige Mithilfe der Musikindustrie stehen. Der zweite Teil des Phantoms Rock entsteht im Zusammenhang mit einer Verstärkung und musikalischen Mutation durch die Electronics – die aber relativ wenig mit dem zu tun hat, was wirklich aus mir rauskommt. Ich weiß, wovon ich spreche, denn ich kenne beide Situationen, die Bühnensituation, aber eben auch die Situation, wenn vor mir oder um mich herum auf gleicher Höhe mit mir Menschen stehen, manchmal Hunderte, denen ich was sing' oder geig', und bei denen es so ankommt, wie's bei mir rauskommt. Ich bin davon überzeugt, daß diese Situation künstlerisch und menschlich ungleich befriedigender für alle Beteiligten ist.

Nur – die »Massen« kann man so nicht erreichen, ohne die Musikindustrie kann man vom Musikmachen meist auf die Dauer nicht leben, und die meisten Musiker kommen gar nicht mehr beim Publikum an, wenn sie akustisch spielen und singen, weil beide, Musiker wie Zuhörer, dieser Art von Musik entwöhnt sind. Das empfinde ich als ein großes Manko unserer derzeitigen Musikkultur, denn den Zauber der Musik entdeckt man nur bei einer direkten Übermittlung – eine Verstärkeranlage kann höchstens Hypnose vermitteln. Dafür muß man die Leute aber ganz persönlich ansprechen, denn ohne das persönliche Feedback aus dem Publikum kann man wiederum als Spieler seinen Zauber nicht entfalten.

Trotzdem hat die Rockmusik auch für mich ihre Faszination: der Groove des Schlagzeugs, die breite Klangpower, die starke Baßline, die direkt in den Bauch geht, die Soli und die hautnahe Art zu singen, auch und gerade über große Entfernungen... Wenn ich mit Rockmusikern zusammengearbeitet habe, hat es mir immer Spaß gemacht, zumal es stets einmalig war, sowohl was die Studioarbeit als auch was die Konzerte anbetrifft. Die Kontakte entstanden nicht etwa über die kommerzielle, sondern immer über die politische Schiene. Die Bläck Fööss, von denen ich ein großer Fan bin, habe ich über den SSK kennengelernt – sie spielten akustisch

bei einer Aktion des SSK gegen den Abriß eines alten wohlerhaltenen Hauses in der Aachener Straße –, und mit ihnen und Rolly Brings habe ich dann um 1982 herum bei einem sehr launigen Konzert in der Uni-Aula gespielt. Mit Wolfgang Niedecken kam ich in der Stollwerck- und hauptsächlich Platania-Zeit in Kontakt, wo sich auch BAP nicht zu schade war, diese Aktionen zu unterstützen. Wolfgang hat ein schönes Lied über Platania geschrieben, für das ich auf meiner Geige fiedelte, sowohl auf der LP »Niedecken und Complizen« als auch anläßlich einer kleinen Tournee durch Deutschland, die einige Rockmusiker damals für den Wahlkampf der Grünen machten. Mit den Höhnern bin ich seit dem Arsch-huh-Konzert gelegentlich zu Gange, besonders die Höhner-Classic-Nummer hat mir Spaß gemacht. Und natürlich spiele ich immer mal wieder mit Rolly Brings, der das einzige Lied über mich gemacht, das ich kenne: »Et Rumpelstilzche vun dr Schelderjaß«. Es soll bei seiner Uraufführung ja manchen zu Tränen gerührt haben – mich auch, weil ich mich über so viel öffentliches Lob geschämt habe. »Jrau litt d'r Himmel op d'r Stadt, / Jewöhl en d'r Schelderjaß. / En Schingwelt, em Schaufinster usjelaht, / vum Levve jetrennt durch Jlas. / Jeseechter, möd un afjespannt, / wäde plötzlich wärm un wach: / Et Rumpelstilzje, sing Jeich en d'r Hand, / spillt, höpp, singk un laach.« usw.
Neuerdings spiele ich auch gern mit Punk-Gruppen zusammen, beispielsweise mit Härter bis Wolkig, Bengels oder Ministry of Good Vibrations, denn die befinden sich politisch in einer ähnlichen Ecke wie ich. Ich sage mir: Wenn schon Power, dann auch richtig.

Kotz dich frei, Spaß dabei!

Um einmal das Spektrum politischer und sonstiger Aktivitäten zu verdeutlichen, mit dem man hierzulande als Straßenmusiker zu tun hat, möchte ich nun von einigen ganz unterschiedlichen Aktionen aus den letzten zehn Jahren erzählen: vom Flughafenwahn, einer McDonalds-Performance, einem humoristisch-verkleideten Geplänkel mit dem Kölner Polizeipräsidium und meinen Theateraktivitäten.
Jede größere Stadt dieser Erde hat einen Flughafen. Viele Menschen sind sogar stolz darauf und ahnen nicht, daß sie für die zweifelhafte Ehre viel Geld zahlen, ob sie nun selbst fliegen oder nicht. Zusätzlich zu den Subventionskosten für Flugbenzin, das sogar den Privatfliegern zusteht, können die meisten Flughäfen hier nämlich nur existieren, wenn ihr Technologiekomplex Flugzeug-Flughafen-Flugverkehr vom Staat gesponsert wird. Damit kann so mancher Schlaumeier

Wahner Heide

bestens Geschäfte machen, zumal wir ja auch fast alle auf die Geschwindigkeit des Flugzeugs abfahren. Der Flughafen Köln-Bonn ist auch so ein Fall. Er war in seiner aufgemotzten Art schon von jeher existenzbedroht und ist es jetzt allemal, wo Bonn nach Berlin umzieht. Düsseldorf, Frankfurt und Amsterdam lassen sich in der Nähe die dicken Geschäfte bestimmt nicht wegnehmen. Aber die Kölner Flughafenbetreiber powern immer weiter, von Stadtverwaltung und Landesregierung ebenso unterstützt wie von BDI, BDA et cetera. Sie setzen sich weitgehend über die Klagen der Anwohner hinweg, spendieren einigen von ihnen höchstens ein paar Doppelverglasungen gegen den Fluglärm und schlucken allmählich die letzten Reste der Wahner Heide, eine der kostbarsten Heidemoorlandschaften Europas.
Die steht natürlich unter Naturschutz, aber das macht diesen Typen nichts aus. Im Zweifelsfall wird stets die Arbeitsplatzvernichtungsdrohung aus dem Sack geholt, damit das Volk kuscht. Trotzdem existieren schon längere Zeit diverse Bürgerinitiativen gegen den Flughafenausbau und den Fluglärm, die ihren Protest aber mehr oder weniger auf schriftliche Eingaben und Prozesse beschränkt haben. Bis »Robin Wood« dazukam und – die Kölner Straßenmusiker!
Bei mir reichte zum Engagement schon, daß ich einmal so richtig eintauchen durfte in diese einmalige Landschaft, die ich, wie die meisten Kölner übrigens, gar nicht kannte. Denn abgesehen vom Flughafen ist die Wahner Heide militärisches Sperrgebiet und nur am Wochenende zu durchstreifen. Ähnlich ging es meinen Kollegen. Aber bald waren wir bei den Versammlungen dabei und planten die ersten Aktionen. Im Winter '92 hatten AdAF- und Robin Wood-Mitglieder ein Waldstück in der Wahner Heide besetzt und sich an die 150jährigen Buchen und Eichen, die im Auftrag der Flughafengesellschaft gefällt werden sollten, angekettet. Auf diese Art und Weise hatten sie die Fällung verhindert. Die Flugha-

fenbetreiber gaben sich dadurch natürlich nicht geschlagen, und so schlugen wir Ende November ein Widerstandscamp bei und in eben jenem Waldstück auf, das gefällt werden sollte. Außerdem machten wir unsere Aktionen durch häufige und intensive Straßenmusik in Köln und Flughafen-Umgebung bekannt. Dadurch bekam die Sache einen Drive, den sie vorher nicht gehabt hatte. Gefällt wurde natürlich trotzdem, aber das ganze Areal mußte mit Unmengen von Bullen abgeschirmt werden, und was wichtiger für die ganze Sache war: Die Täter mußten erkennen, daß die »Silent majority« auf unserer Seite stand. Das ist auf die Dauer für diese Herrschaften nicht zu verkraften, denn sie wollen ja beim nächsten Mal wieder in alle ihre Pöstchen gewählt werden. Manchmal denke ich: Das Volk wird langsam wach, trotz lebenslang Achtstundentach!
Eine andere Aktion, in diesem Fall eher spontan und individualistisch gestaltet, haben wir Anfang der achtziger Jahre

Hohe Straße 1988

unter dem Motto »Kotz dich frei – Spaß dabei!« auf der Hohe Straße veranstaltet. Eine gute Bekannte hatte mir eine ganze Ladung Material zukommen lassen über Fastfood im allgemeinen sowie McDonalds, Burger King und Wendy's im besonderen. Sie legte noch ein Buch drauf, »Das Brot des Siegers«, und nach dessen Lektüre war mir klar, daß man öffentlich etwas gegen McDonalds und Co. tun mußte. Es ergab sich auch gleich eine Möglichkeit, denn das Fastfood-Info- und Koordinations-Büro »Volksmund« rief zu einem bundesweiten Aktionstag auf, mit dem Titel: »Bürger gegen Burger – Das Hackfleischimperium stoppen!«

Ich traf mich also am Samstagmorgen mit ein paar Freunden direkt am Tatort, vorm McDonalds in der schmalen Hohe Straße. Schon fällt uns beim Anblick der Menschenmassen, die sich da durch die Hohe Straße schieben, das Herz in die Hose. Ich bin erst mal zum McDonalds rüber, in die Reihe gestellt, einen Hamburger gekauft und in die linke Hosentasche gesteckt. Dann zurück zu den anderen Musikern und hopp hopp, Instrumente raus und unseren Klassiker »Zahltag« gesungen oder vielmehr gebrüllt. Während des Liedes dann den Hamburger ausgepackt, reingebissen, ausgespuckt, auseinandergenommen, geknetet, den Leuten zum Probieren angeboten, und während der ganzen Zeit wie die Weltmeister gequatscht über das »Brot des Siegers«. Dann kleine Geschenke verteilt, etwa den Aufkleber »Kotz dich frei – Spaß dabei!« oder kleine Flugzettel mit den Parolen »Fast Food frißt den Regenwald«. Und was glaubt ihr wohl: Die Straße war in kürzester Zeit dicht! Ein Stau!! Wegen einem Hamburger! Im Eingang von McDonalds standen die zwei Manager – den Straßenverkauf hatten sie schon vorher eingestellt – und hielten ungeduldig Ausschau, wann endlich der angeforderte Polizeieinsatz käme. Vor den Anliegergeschäften tauchten »Schwarze Sheriffs« auf, aber unsere Show ging weiter. Die Bullen ließen sich Zeit. Wir haben uns beeilt, hatten Schiß, aber ehe das letzte Flugblatt nicht verteilt war und der letzte Krümel Fleisch nicht über die Häupter der Anwesenden verteilt war, haben wir die Show nicht gestoppt. Dann schleunigst Instrumente eingepackt und verdünnisiert. Anschließend haben wir erstmal ein Bierchen getrunken, uns etwas abreagiert und uns über Sinn und Unsinn so einer Aktion unterhalten. Da gibt's viel drüber zu sagen. Aber letztlich waren wir uns einig: Hauptsache, wir haben es gemacht. Meine eigene, ganz körperliche Erfahrung bei dem Ganzen: Das Brot des Siegers schmeckt nach Leichengeruch – ein Nahrungswissenschaftler hat mir gesagt, das läge an den Appetizern im Hamburger.

Über eine andere Geschichte ist damals in den Medien viel berichtet worden. Das lag hauptsächlich daran, daß während und nach unserer Festnahme ein Reporter vom NDR mit seinem Tonbandgerät zugegen war und alles hautnah aufgenommen hat. Ein paar Tage später lief die ganze Sache im NDR und SWF 3.

Mai '86, ein sonniger Tag, Straßenmusik war angesagt. Ich weiß nicht mehr, wer alles mitspielte: Antje, Paul, Markus, Bijan, Trompet-Jo, ich, auf jeden Fall waren wir eine lustige Gesellschaft und hatten viel begeistertes Publikum. Da kam plötzlich so'n Schnösel vom Ordnungsamt und sagte: Aufhören. Da hat das Volk ihn ausgelacht, und wir sowieso. Zehn Minuten später war er wieder da, mit einem schneidigen Einsatzleiter von der Polizei samt Mannschaft, Wagen und allem, was dazugehört. Das weitere entwickelte sich wie von selbst. Das Volk stand gegen die Ordnungsmacht, ähnlich wie seinerzeit in Nürnberg, nur waren diesmal die Leute so ziemlich komplett auf unserer Seite. Für die Schmiere war es ein echter Härtetest, aber unter Führung des vermutlich unangenehmsten Einsatzleiters des gesamten Polizeipräsidiums konnten sie zumindest Bijan und mich verhaften und ein paar Stunden in den Präsidiumskellern verschwinden lassen. Ihr Pech war nur der NDR-Reporter und die Sendung, denn nachdem die ausgestrahlt war, ging's in den Kölner Medien rund. Ich bin natürlich auch nicht untätig gewesen. Wohl wissend, daß man, wenn man nix tut, weggeputzt wird, schrieb ich einen Leserbrief an den Express sowie eine Dienstaufsichtsbeschwerde an den Polizeipräsidenten. Nach diesem ganzen Rummel war es amüsant zu beobachten, wie sich innerhalb von zwei Wochen der Ton der ursprünglichen Strafanzeige gegen mich – natürlich 'mal wieder Widerstand gegen die Staatsgewalt – und der der Vorladungen änderte. Ich bekam doch tatsächlich von der Polizei eine gesungene Liebesarie auf Tonkassette durch einen persönlichen Boten – in Uniform! – zugestellt, die eigens für mich getextet und komponiert und von der Polizeiband »Prelude« aufgenommen worden war! Den Text dieser poetisch-bürokratischen Glanzleistung will ich nicht unterschlagen.

Text der Vorladung

Sehr geehrter Herr von W.!
Ich frag', warum ich Sie nicht seh'.
Mein Brief an Sie kam nicht retour;
ich sag' zu mir: »Wo bleiben Sie nur?«

Im schönen Wonnemonat Mai
gab's »trouble« mit der Polizei.
Widerstand et cetera,
der halbe Waidmarkt war gleich da.

Sie haben nun Gelegenheit,
mal reinzuschau'n, allein – zu zweit.
Den Weg zum Waidmarkt nur nicht scheu'n,
im PP Köln, acht null neun.

Refrain: Wir warten, wir warten, wir warten auf Sie!

Daraufhin überschlugen sich die Kölner Medien geradezu in Lobeshymnen über die Toleranz und Großherzigkeit der Kölner Polizei, und mein Gegenliedchen, das ich auf dieselbe Melodie verfaßt und der Polizei nach Erhalt ihrer Kassette umgehend zugesandt hatte – wir waren zu der Zeit gerade auf Tournee – hätten sie am liebsten unter den Tisch gekehrt.

Sehr geehrter P-Präsident,
wir ham vor Rührung laut geflennt.
Sie fragen uns: Wo bleiben wir nur?
Doch sind wir grade noch auf Tour, (aber)
Refr.: Wir kommen! Wir kommen! Wir kommen sehr bald.

In Mannheim spielten wir vorm Knast.
Das hat Ihren Kollegen nicht gepaßt.
Und auch in Wackersdorf am Zaun,
da kriegten wir ein' draufgehau'n,
Refr.: Wie neulich, ... in Köln.

Im Waidmarkt steht jetzt ein Klavier
statt Schreibmaschine und Papier.
Und wird mal einer einkassiert,
wird ihm ein Liedchen vorgeführt!
Refr.: Wir spielen, ... nicht mit!

Die Polizei in Köln am Rhein
ist anders, ach das ist ja fein:
statt Knarre spielt sie mit der Flöt',
statt Gummiknüppel mit der Tröt:
Refr.: Verarscht euch ... doch selbst!

Aber so leicht habe ich ihnen die Sache denn doch nicht gemacht, und der WDR sendete dann zu unser aller Wonne beide Versionen. Aber was am wichtigsten war: Seit diesem Ereignis hatten wir Ruhe.

»Ich sage Dir: Theaterspielen ist Klasse!« meinte vor kurzem ein hierzulande berühmter Kollege aus der Musikbranche, der jetzt als Schauspieler tätig ist. Gutes Theater hat mich schon immer fasziniert. Und ich schätze, daß ich selbst auch ganz gut Theater spielen kann, wenn ich so manchen vom »Rumpelstilzchen vun dr Schelderjaß« reden höre. Schon in meiner Schulzeit bin ich gern ins Theater gegangen und habe mir Shakespeare und Schiller, Hauptmann und Dürrenmatt reingezogen. Später, als Komponist, habe ich hauptsächlich Multi-Media-Stücke geschrieben, mit einer Living-Theatre-Gruppe gearbeitet, und auch in Köln hat mich die Theaterwelt des öfteren beschäftigt. An Silvester findet zum Beispiel bei uns immer eine große Fete statt, bei der es zur Tradition gehört, daß irgendwann mal Spontantheater aufgeführt wird, bei dem meine Tochter Antje den Theaterdirektor und Regisseur macht. Aus einer dieser Shows ging vor etwa 12 oder 13 Jahren die Theater-Musik-Pantomime-Performance »Ich bin der Clown meiner Träume« hervor: Wir setzten uns in einer Gruppe von etwa 10 bis 12 Leuten zwei Wochen intensiv zusammen und auseinander, machten Brainstorming und moderne Theaterübungen und entwickelten daraus Sketche. Die fügten wir schließlich auf sinnvolle Art zusammen und führten das Ganze dann in Köln viermal öffentlich auf. Zwei Aufführungen wurden gut, zwei schlecht, denn die Show basierte hauptsächlich auf Improvisationen, und die können schon mal schiefgehen und läppisch werden, wenn die nötige Konzentration nicht da ist.

Ein paar Jahre später suchte man mich auf der Straße für eine spezielle Rolle in einer Produktion des Kölner Schauspielhauses. Das Stück hieß »Ghetto« und es war eine Ausarbeitung der Geschehnisse im Wilnaer Ghetto, an die sich ein alter Puppenspieler erinnert, der damals Mitglied einer Theater- und Konzerttruppe war und als einziger überlebte. Meine

Rolle war »Haikin der Konzertmeister« dieser Theatertruppe, und ich wurde drei- bis viermal pro Woche erschossen, jeweils am Ende des Stückes. Das Stück war sehr gut, die Aufführung erfolgreich, alle etwa dreißig Vorstellungen ausverkauft, und obwohl das meine erste Produktion in einem großen städtischen Theater war, ließ man mir erstaunlich viele Freiheiten, möglicherweise ahnend, daß es damit bei mir am besten klappt. Aber ich konnte auch ein wenig provozieren, ohne daß ich rausgeflogen wäre, beispielsweise in der Pause wegen Wohnungsnot und Klagemauer Flugblätter verteilen, oder auch mit einem eigens dafür gemalten und heimlich reingeschmuggelten Schild mit der Aufschrift: »Und was ist mit Südafrika?« kurz nach der Pause – Bach-Chaconne-spielenderweise – einmal vor dem Vorhang entlang gehen.
Das nächste große Theater-Event war Schillers »Wilhelm Tell« mit Martin Lüttge und einem Tournee-Theater. Ich war zuständig für die Musik und die Einstudierung der Chöre. Da wir diese Produktion sage und schreibe hundertmal in fünf Monaten aufführten, erlahmte meine Phantasie allmählich, und ich spielte schließlich immer dasselbe. Die tolle Sache wurde Maloche. Und vor etwa zwei Jahren wurde ich nach Schweden eingeladen, wo sich eine junge Theatergruppe aus Südschweden, mit einer sehr rührigen und phantasievollen Regisseurin, einen geradezu magischen Kraftpunkt, einen alten Ritualplatz direkt an der Steilküste zur Ostsee ausgesucht hatte, um dort ihr Ritual über Wind, Wasser, Erde und Feuer einzustudieren, das dann vierzehn Tage lang *open air* aufgeführt wurde. Ich war für die Musik, die Einstudierung und die musikalische Koordinierung während der Aufführungen zuständig, und das hat mir einen Heidenspaß gemacht. Bei unserer ersten Sitzung habe ich die etwa 10 Musiker einfach spielen lassen. Dann habe ich, getreu meiner Dada-Vergangenheit, Themen vorgegeben, wie Wind, Wasser, Erde, Feuer, leise, laut, individuell, kollektiv, haßerfüllt

oder liebevoll, und dann erst habe ich angefangen zu schreiben. Herausgekommen ist dabei relativ wenig in Noten fixierte Musik, dafür aber viele schöpferische Spielanleitungen. Das war nicht nur für das Stück, sondern auch für die Musiktruppe genau das Richtige, zumal die Musiker aus den unterschiedlichsten Schichten und Stilrichtungen kamen; vom Mittelaltermusiker bis zum Freejazzer, vom Amateur bis zum Vollprofi war alles vertreten. Alle waren begeisterungsfähig und begeistert.

Ein Geiger in Japan

Vor etwa zwei Jahren kam Richie, ein alter Freund von mir und Mitstreiter aus Platanias Zeiten, seines Zeichens Journalist und Japanologe, mit einem jungen Japaner zu mir, ebenfalls Journalist, der eine Menge über Klaus den Geiger wissen wollte. Ich gab natürlich bereitwillig Auskunft auf alle seine Fragen, nicht ahnend, was sich daraus entwickeln würde. Denn dieser Mensch hatte sich tatsächlich in den Kopf gesetzt, mich nach Japan einzuladen! Der junge Mann hieß Mitsu und war in der japanischen linken Szene relativ bekannt. Er gründete eine »Kurausu-nokai«, eine »Klaus-Gesellschaft«, bestehend aus etwa 10 bis 12 gleichgesinnten jungen Linken, und die versuchten Geld zusammenzukriegen, um mich – und Richie als Dolmetscher – nach Japan zu holen. Aber etwa ein Jahr nach seinem Besuch verunglückte Mitsu in Tokio tödlich mit dem Motorrad, und obwohl seine Freunde durch dieses tragische Ereignis schwer getroffen waren, gaben sie Mitsus Plan nicht auf. Mitsus Plan wurde im Oktober '95 wahr, Richie und ich flogen nach Japan und verlebten dort eine intensive und ereignisreiche Zeit, von der ich im folgenden einiges erzähle.

Abflug Frankfurt (Startbahn West!), Ankunft Tokio Narita, beides früher Schauplatz bürgerkriegsähnlicher Kämpfe und Anschauungsunterricht in Sachen Mega-Airport.
Richie, der schon vorher nach Japan geflogen war, und Kazu, mein japanischer Gastgeber, holen mich ab. Das ist auch nötig, denn allein wäre ich verloren gewesen. Wir steigen in die Bahn und fahren zwei Stunden lang nur durch Stadt – alles Tokio. Die Züge sind vollgepackt mit Menschen, 16 Uhr in Tokio, Rushhour. Wer einen Sitzplatz hat, schläft. Die meisten sind Angestellte, »sarariman«, oder Schüler, unterschiedlich uniformiert. Trotz des ungeheuren Menschengewimmels sind die Züge und Bahnhöfe sauber, die Menschen auch. Sie schieben sich aneinander vorbei oder bewegen sich in erstaunlicher Geschwindigkeit in eine Richtung, ohne daß es nennenswerte Staus gäbe. Es entspricht genau dem Japanbild, das unsereiner so hat. An einem Umsteigebahnhof machen wir eine kleine Atempause, gehen die Treppe rauf in einen Park, den »Ueno-Park«. Auf der Treppe sitzen ein paar Obdachlose, zwei Straßenmusikanten warten auf ihre Zeit. Plötzlich höre ich ein ganz eigentümliches Geräusch: Raben! Richtige Raben, so groß, wie ich sie mein Lebtag noch nicht gesehen habe. Kazu lacht über meine Verwunderung und erklärt, daß es in Tokio jede Menge davon gibt, allerdings erst seit ein paar Jahren. Sie werden in Schreinen und Tempeln gefüttert, sitzen in den Bäumen (gibt es!) oder auf den relativ kleinen Häusern, mit denen Tokio dicht an dicht zugebaut ist, aber auch auf den Hochhäusern oder den relativ kurzen Telegrafenmasten, deren Drähte ungewohnt tief über den Straßen hängen. Wir steigen in dem Viertel aus, wo Kazu wohnt. Er lebt im Haus seiner Eltern. Das ist auch für einen »sarariman« nichts Ungewöhnliches (Kazu arbeitet in der Stadtverwaltung), besonders wenn man noch nicht verheiratet ist; Wohnraum ist ungeheuer rar und teuer. Wir laden mein Gepäck ab und stürzen uns gleich ins Gewühl, Rich-

tung Speiserestaurant. Ich komme mir vor wie im Ameisenhaufen, nur sind es Menschen.

Nach einem tollen japanischen Essen, lauter Kleinigkeiten hintereinander, dazu kräftig Sake und Bier, stromern wir noch ein bißchen herum. Wir gehen in eine Patchinkohalle, ein Zwischending zwischen Flipper und Einarmigem Bandit. Ich wollte da rein wegen der Musik: Tausende von Stahlkugeln fallen durch ein senkrecht stehendes Nagelbrett und machen einen unglaublichen Sound. Die Leute sitzen zu Hunderten davor, jeder vor seinem Apparat, wie auf der Hühnerstange, und jeder versucht, so viele Kugeln wie möglich unten wieder rauszukriegen. Danach schlendern wir Richtung Bettstatt, nicht ohne vorher auf der Straße die Geige auszupacken und zu Techno-Klängen aus einem Kassettenrecorder eine kleine Session anzuzetteln, mit jeder Menge Volk und Tanzeinlagen.

Am nächsten Tag stürzen wir uns wieder ins Getriebe des perfekt funktionierenden Tokioer Bahnsystems, um an einer Obdachlosen-Demo teilzunehmen. Der verstorbene Mitsu hatte sich sehr stark für die Rechte der zahlreichen Obdachlosen in Tokio und anderen Städten eingesetzt, und die Gruppe, die nach seinem Tod weiterbestand, setzte seine Bemühungen fort. Wir fuhren also zum Shinjuku-Bahnhof und reihten uns in die Schar der annähernd 100 Obdachlosen ein, die etwa eine Stunde lang erstaunlich nüchtern und diszipliniert durch den dichtesten Auto- und Fußgängerverkehr zogen und ihre Slogans brüllten, einen Ansager mit Megaphon vorneweg. Es war dasselbe Problem wie bei uns: Sie wollen nicht als Untermenschen, sondern als Mitmenschen gesehen und behandelt werden, und damit hat das normale Volk der »sarariman« seine Probleme. Diese Leute, sagt der Gouverneur, sind selber an ihrem Elend schuld, weil sie arbeitsscheu sind. Dabei werden immer mehr Menschen in Japan arbeitslos, weil in anderen asiatischen Ländern (z. B.

China, Korea oder den Philippinen) bedeutend billiger produziert wird. Die Leidtragenden sind die Arbeitslosen, die natürlich die gerade in Japan enorm hohen Lebenshaltungskosten nicht mehr bezahlen können, und so geht's dann ab in die Obdachlosigkeit. Man kennt das Spiel aus unserem Land, nur ist in Japan die Sache eine ganze Nummer härter.
Ich hatte das große Glück, hauptsächlich mit Japanern zusammenzusein, die solche Ungerechtigkeiten nicht mehr dulden wollten. Das zeigte sich dann abends bei einer Session am Eingang dieses Shinjuku-Bahnhofs, wo die Obdachlosen in großen Pappkartons übernachten, als jede Menge junger Musiker, hauptsächlich Liedermacher, zusammenkamen und ein vierstündiges Solidaritätskonzert veranstalteten. Logisch, daß ich da feste mitgemischt habe. Danach haben wir in einer Wohngemeinschaft übernachtet, die auch nicht anders aussah als in Kreuzberg oder Köln – nur viel kleiner (zwei Räume!) und sauberer, und statt Stühlen gab es Sitzkissen (zum Wegräumen) und Futons (auch zum Wegräumen). Und es gab eine echt japanische Sitzbadewanne, bis oben gefüllt mit sehr heißem Wasser, in das alle nacheinander reingehen, nachdem sie sich geduscht haben. Überhaupt ist nicht nur die Eß-, sondern auch die Wohnkultur in Japan beeindruckend. Man darf zum Beispiel nicht mit Straßenschuhen ins Haus. Die läßt man stets im Eingangsbereich stehen und zieht sich extra große Pantoffeln für's Haus an. Die Japaner legen großen Wert auf die Trennung von äußerer (= schmutziger) und innerer (= sauberer) Welt. Die Wohnung oder auch der Essensplatz im Restaurant gehören zur inneren Welt.
Die Widersprüche in Japan sind gewaltig. Einerseits gibt es ein Überangebot an Konsumgütern und eine Gier danach, die mir den Atem verschlägt, andererseits ein Bedürfnis und eine Suche nach Kommunikation und Sinnhaftigkeit, die mich zutiefst berührt. Alles kommt hier viel deutlicher zutage als bei uns coolen Deutschen.

Am dritten Abend war ich eingeladen zum Konzert einer avantgardistischen Gruppe, die sich »Shinorama« nannte. Ein phantastischer Drummer, eine junge und vielseitige Sängerin, ein sehr guter Cellist und ein ausgezeichneter Pianist. Ihre Musik war sehr dramatisch, viele Schreie, viele Brüche, viel Verzweiflung. In ihrem letzten Stück kam zum Beispiel als Leitmotiv immer wieder das rhythmische Räderklappern der Tokioer S-Bahn-Züge vor, mit denen die Menschenmassen tagtäglich hin- und herbewegt werden. Abgesehen von ein paar Solo-Nummern habe ich mich bei zwei Stücken in das musikalische Geschehen eingeschaltet. Ohne die Musik groß verändern zu wollen, habe ich durch meine Mitwirkung versucht, die Kommunikation zwischen Musikern und Publikum zu verstärken. Avantgardisten vergessen gern, daß sie nicht nur für sich selbst Musik machen, sondern auch für's Publikum.
Der nächste Tag war Rockmusiktag. Wir zogen Richtung Harajuku-Park, wo alle 20 Meter auf offener Straße – ab 1 Uhr mittags für den Autoverkehr gesperrt – eine Rockband stand und volle Pulle loslegte. Da sind schätzungsweise 50 Bands gleichzeitig im Gange, und das jeden Sonntag! Erst habe ich gedacht, das ist nur noch Krach, und alles klingt durcheinander. Dann habe ich aber festgestellt, daß es halb so schlimm war, denn je näher man an die jeweilige Gruppe heranging, desto ausschließlicher konnte man sie hören. Es waren riesige Volksmassen unterwegs und ich also wieder mittendrin. Erst mit einer Punkband gespielt, dann mit einzelnen, teilweise sehr guten Liedermachern, zwischendurch solo. Es war eine gelungene Open-Air-Show, so locker wie Straßenmusik und gleichzeitig so groovy und voller Power wie ein Rockkonzert. Könnte man nicht auch bei uns mal Sonntagmittags die Rheinuferstraße sperren und Rock-Gruppen spielen lassen?
Am Abend beteiligte ich mich noch an einem Rockkonzert

der Gruppe »Jumps« in einem Beat-Keller. Es herrschte eine lockere, fröhliche Atmosphäre, die Jugendlichen waren begeistert von meiner Art, meinem Bart, meiner Lederhose. Danach ging's in den Nachtbus Richtung Osaka. Große Verabschiedung. Das nächste Abenteuer bahnte sich an. Der Bus ist zwar modern, die Fenster mit Vorhängen zugezogen, die Sitze halbe Liegesitze, mit Decken, Kissen und Beinstützen, aber sehr schmal. Die Japaner sind das gewohnt, sie schlafen; aber ich schaffe das nicht. Also ziehe ich hin und wieder mal den Vorhang auf, sehe aber auch nicht viel mehr als die hohe Schallschutzmauer längs der Autobahn. Ich döse vor mich hin, ziehe mir mittels Kopfhörer ein paar Enkas, japanische Schlager, rein und torkle morgens in Osaka ziemlich zerschlagen aus dem Bus.

Wir fahren gleich weiter mit der S-Bahn nach Kamagasaki, einem Stadtteil, wo hauptsächlich Tagelöhner und Obdachlose zu Hause sind. In Bahnhofsnähe herrscht Basar-Atmosphäre, schmale Straßen, kleine Geschäfte und Handwerksbetriebe, kleine Speiserestaurants und Imbißbuden, alles viel ruhiger als in Tokio. Armes Volk, hauptsächlich ältere Männer und Frauen, schlurfen morgenmuffelig in den Straßen herum oder fahren auf Fahrrädern an uns vorbei. Hin und wieder Autos in den engen Straßen, Lieferwagen und auch protzige Schlitten, die von wohlgenährten und -gekleideten Fahrern gesteuert werden. Dann plötzlich ein offener, großer Platz voll abgerissener Menschen, meist Männer. Hunderte stehen oder hocken in Gruppen zusammen, liegen und schlafen auf dem Boden, unter sich Zeitungen, Plastikplanen oder alte Decken. Diesen monströsen Anblick kenne ich von Deutschland so nicht. Als ich meine Kamera zücke und Bilder mache, geht direkt ein drohendes Geschimpfe los: sie werden bitterböse. Kazu rettet die Situation, indem er uns schleunigst in eine Nebenstraße lotst. Auch dort der gleiche Anblick: Die häßliche Seite der japanischen Wohlstandsmedaille.

Wir landen in einer Franziskaner-Herberge, die tagsüber ein Aufenthaltsort für ältere Obdachlose ist. Der Leiter, ein Franziskanerpater in Blue Jeans und T-Shirt, ein besonnener, aber kämpferischer Mann, erzählt uns von einem Ereignis, das vor etwa einer Woche hier in Osaka passierte. Alkoholisierte Jugendliche warfen in der Nähe des Vergnügungsviertels einen Penner von einer Brücke in den Fluß, er ertrank. Die Polizeiwache war nur fünfzig Meter von diesem Ort entfernt, und von den zahlreichen Passanten griff keiner ein. Wir entschließen uns, eine spontane Gedenksession auf dieser Brücke zu veranstalten. Ich packe die Geige aus und spiele ein klassisches ernstes Stück. Miya und Kazu halten dazu ein Plakat hoch, auf dem der Grund meines Konzerts erläutert wird. Es ist furchtbar laut, blecherne Reklame- und Pachinkohallengeräusche ringsum, laute und konsumgierige Menschen strömen an uns vorbei, doch etliche bleiben auch stehen, hören zu und spenden etwa 150 Mark. Das Geld übergeben wir der Franziskaner-Herberge. Ein Reporter erscheint und interviewt uns. Die Polizei erscheint auch, zieht aber nach klärenden Worten des Reporters wieder ab, der uns im Verlaufe des Abends noch in eine Karaoke-Bar einlädt. Nachts im Taxi zurück zur Herberge. Aus dem grellen Konsumrauschgetöse vorbei an sich kilometerlang erstreckenden Schlafplätzen obdachloser Tagelöhner, die schon in zwei, drei Stunden auf der Matte zu stehen haben für ihre jeweiligen Arbeitgeber.

Unsere Tat hat sich am anderen Tag in Windeseile herumgesprochen, überall begegnen uns freundliche Gesichter. Die Leute sprechen uns ohne Scheu und Voreingenommenheit auf der Straße an. Ich verstehe natürlich kein Wort, aber das ist auch nicht nötig, denn Blicke und Gesten erklären genug. Der Superschnellzug bringt uns dann auf lockere und entspannende Art nach Hiroshima. Zum ersten Mal sehe ich die Landschaft. Viel Wald auf den Hängen dieser eigentümlichen, japanischen Bergkegel, dazwischen Ebenen, in rechteckige Reisfelder aufgeteilt, die Häuser der kleinen Ortschaften auch nicht viel anders als die unzähligen kleinen Häuser in Tokio, so eng zusammengedrängt. Der Shinkanzen fegt mit über 200 Sachen durch die Landschaft und die zahlreichen Tunnels, und in drei Stunden sind wir in Hiroshima. Wir kommen in eine völlig neue, moderne Stadt; breite Straßen, hohe Häuser, viel Grün; die einzigen sichtbaren Relikte aus der Vergangenheit sind die Straßenbahnen, ein Sammelsurium antiker Modelle aus aller Welt, und der »Dom«, die letzte noch existierende Ruine aus der Atombombenzeit, museal konserviert in einem modernen Museumspark, dem »Friedenspark«. Da fahren wir zuerst hin. Aber die unvorstellbaren Schrecken eines Atomkrieges konnten wir beim Anblick dieses sorgfältigst konservierten und geschönten Denkmals beim besten Willen nicht empfinden. Danach trafen wir einen alten Bekannten von Richie, Mitglied einer Friedenstruppe, die Richie vor Jahren durch Deutschland geführt hatte. Der lud uns alle vier zum Essen ein, und wir betraten ein Restaurant, in dem eine größere Gesellschaft um einen reich gedeckten Tisch auf dem Boden saß und bei Richies Erscheinen in Überraschungs- und Freudenkundgebungen ausbrach. Alles Frauen und Männer etwa in meinem Alter, und als sie rauskriegten, was ich in Japan mache, fragten sie mich, ob ich nicht im Friedenspark ein Konzert geben wollte. Ich sagte: Jederzeit! Und sie sagten spontan: Dann jetzt gleich. Also fuhren wir nach beendetem Essen zum Mahnmal, das in der Mitte einen Steinsarg mit dem Verzeichnis aller Atombombenopfer Hiroshimas enthält, und ich spielte im Schein des Mondes und unter dem Einfluß der Ergriffenheit der Zuhörer und des reichlich genossenen Sake die Chaconne von Bach und mein Lied gegen die Atomversuche von Chirac.

Unser nächstes Ziel war Kobe, die Stadt des großen Erdbebenunglücks von Anfang des Jahres. Von den Zerstörungen sahen wir zunächst so gut wie nichts, nur flatternde Transparente, auf denen die Forderungen der mittellosen Bevölkerungsschicht nach Unterstützung und Wiederaufbau ihrer Wohnungen standen. Wir trafen zwei Aktivisten, einen Japaner und einen in Japan ansässigen Koreaner, die uns zu ihrem provisorischen Zelt- und Hüttendorf mitnahmen. Nach kurzer Fahrt landeten wir in einem Park mitten in der Stadt, angefüllt mit provisorischen Hütten und Hauszelten und bewohnt von Koreanern. Im Info-Zelt eine selbstsichere, freundliche und weltoffene Schar von Aktivisten, die uns bereitwillig Auskunft geben. Leidtragende des Unglücks sind natürlich die kleinen Leute, vor allem die zahlreichen in Japan lebenden Koreaner: Seit kurzer Zeit gibt es kein Überbrückungsgeld mehr für den Wiederaufbau der Häuser und den Lebensunterhalt der Familien. Während die betroffenen Japaner sich anscheinend eher mit dieser Tatsache abfinden, haben die Koreaner sich zusammengetan und wollen eine große Protestkundgebung mit 100.000 Teilnehmern gegen diese Politik und den offenen oder verdeckten japanischen Rassismus gegen sie organisieren.

Ich gebe noch ein kleines Ständchen auf dem Dorfplatz unterm Mondenschein. Meine Zuhörer sind größtenteils ältere Frauen, deren Männer, wie schon in Osaka, irgendwo als Tagelöhner auf offener Straße vor den »Arbeitsämtern« übernachten. Alle sind glücklich und dankbar, wir eher verlegen. Im Info-Zelt dampft mittlerweile ein großer Topf Nudelsuppe auf dem Tisch, die wir gemeinsam, fröhlich und mit viel Sake verzehren. Dann steigen wir in den Nachtbus zurück nach Tokio.

Dabei bekomme ich doch noch die Erdbebenschäden zu sehen. Zufällig ziehe ich den Vorhang zurück und sehe links von mir eine totale Trümmerlandschaft. Ähnlich wie Dresden oder Köln unmittelbar nach dem Krieg. Wir fahren etwa 15

Minuten an der kaputten Hochstraße entlang, die wir alle im Fernsehen gesehen haben. Sogar jetzt noch, obwohl es längst Nacht ist, schieben die Bagger den Schutt weg. Das teuerste Erdbeben der Menschheitsgeschichte: allein 130 Milliarden Mark Versicherungsschaden. Meine Mitreisenden scheint das alles nicht sonderlich zu interessieren, sie schlafen schon.
In Tokio geht's nachmittags zum letzten Konzert in einen Club. Wieder Avantgarde, der Super-Drummer Ishizuka Toshi wird mit dem berühmten Stimmakrobaten Haino Keiji auftreten. Ich habe auch mitgemischt, und zwar mit dem Didgeridoo. Das hat etwas Ruhe in die ansonsten hochdramatische Sache gebracht. Mit der Gruppe »A-Musik«, die sonst wohl mit Vorliebe Eisler- und Weill-Arrangements spielen, machte ich Klezmer-Musik. Die Zuhörer waren dementsprechend begeistert, zumal sich mittlerweile ein regelrechter Klaus-Fanclub in Tokio gebildet hatte! Nach dem rauschenden Konzert gab's ein rauschendes Eß- und Trink-Gelage, ich wurde gefeiert, wie ich es noch nie erlebt habe. Ich dachte mir: Genieße es, alter Junge, übermorgen bist du wieder unter deinesgleichen und hast dich mit Geldsorgen, Bullen und Familienproblemen herumzuschlagen.
Eine Sache stand noch aus: Der Besuch an Mitsus Grab, zusammen mit seinen Eltern. Wir fuhren nach dem Frühstück los. Auf dem Weg treffen wir Makiko, die ehemalige Lebensgefährtin Mitsus, werden von den Eltern sehr höflich und gastfreundlich empfangen und fahren dann alle zusammen mit Autos zum Friedhof: Tausende von polierten viereckigen Steinsäulen. Man erzählt mir, daß sie so lange stehenbleiben, bis sie von selbst zerfallen. Der Vater geht los und holt einen Eimer mit Wasser; die Mutter schöpft das Wasser mit einer Kelle heraus und gießt es über den Grabstein, damit Mitsu genug zu trinken hat. Dann reicht sie die Kelle weiter, und jeder von uns gibt dem toten Mitsu zu trinken. Dann zünden die Eltern Räucherstäbchen an, und jeder von uns legt eine

Anzahl davon in ein dafür vorgesehenes Fach. Dann bitten sie mich, für Mitsu etwas zu spielen. Ich improvisiere über ein Lied aus dem Warschauer Ghetto. Es ist genau das Richtige. Der Vater sagt: Schau mal, wie gut die Räucherstäbchen brennen: Mitsu freut sich.
Abends haben uns Richies japanische Verwandte zum Essen und zu Hausmusik eingeladen. Richies Frau ist Japanerin, ihr Bruder ist Komponist und Pianist, die ganze Familie hat mit Musik zu tun. Die Tochter des Hauses, 17 Jahre alt, spielt das Tschaikowsky-Violinkonzert. Danach spielen wir zu zweit Mozart-Konzerte. Dann geht's ein Stockwerk höher, wo der Opa schon etliche Stunden lang das Essen vorbereitet und gekocht hat. Es wird ausgiebig und fröhlich gespeist, geredet und getrunken, dann noch mal ins Musikzimmer und wir machen mindestens noch zwei Stunden lang Musik.
Am nächsten Tag wartet zum Abschied die »Kurausu-nokai« im Ueno-Park auf uns, sie stecken Richie und mir Geschenke zu. Ich spiele mein Lied »Land in Sicht«, und dann geht's mit einem Teil der Gruppe weiter Richtung Flughafen. Der Abschied ist ungeheuer herzlich, fröhlich und wiedersehenssehnsüchtig. Erst fünf Minuten vor Abflug der Maschine sitzen wir auf unseren Plätzen.
Zuhause angekommen, entdecke ich eine Art Brief auf meinem Schreibtisch, verfaßt von meiner mittlerweile dreißigjährigen Tochter Antje. Ich lasse ihn hier folgen.

Antjes Lied

»Winter auf der Annostraße, eine verrufene Kneipe, Penner und Rodenkirchen-Schickimicki saßen dort nebeneinander an der Theke und beguckten sich. Das »Kong«, ein sehr lebendiges Wohnzimmer. Ich war oft dort. Eines Abends lalülala, eine Bullenrazzia. In Ermangelung meiner »Ausweisigung« wurde ich zur Wache Waidmarkt gefahren. Dort kam ich in den Genuß zu erfahren, wie sich ein Karnickel fühlen muß, wenn es in der Hand des Menschen sitzt. Hämische Bullen, die unverschämte Sprüche kloppen, sich der Wehrlosigkeit ihrer »Gefangenen« wohl bewußt. Einem Penner mit Narbe im Gesicht wurde gesagt, ihm wäre wohl einer mit 'ner Kreissäge durch's Gesicht gegangen. Mir gefror fast die Spucke im Hals, so kalt fand ich diese Uniformbubies. Und ich zog den Mantel fester um mich. Das Kinn, die Ohren, die ganze Antje versteckte sich in diesem viel zu großen Mantel und wünschte sich endlich nach Hause. Neonlicht, kalte Kacheln. Ich wurde in einen anderen Raum geführt, von zwei Frauen untersucht. Alle Taschen ausleeren. Ich wurde noch ein bißchen blasser um die Nase. Was hatte Klausi-Papa in seinen Manteltaschen gelassen? Seine Taschen sind ja eine Welt für sich. Da ist »Landschaft« drin, »nervenstärkende« Meditations- und Gutfühl-Mittelchen, Inspiration, Kastanien gegen alle Übel der Welt. Die »Rambos« packten aus: Viel Papier, ein verrotztes Taschentuch, ein Tampon (von mir, das kannte ich…), Fahrradflickzeug, Ohropax und – Gott sei's gepieselt – nichts, was uns belasten könnte. »Das ist wohl'n Mantel von 'nem Penner, bei dem ganzen Müll, der da drin is…«. Dann durfte ich mir meinen Abgang beim Pförtner holen. Und Tschüß. Ich war draußen. Frei. Eingemummelt in einen supergroßen Wollmantel, Ärmel zu groß, und ein bißchen Papa um mich herum.

Ich bin die Geigerzahl 1/5. Stock unter'm Dach/Tochter von Klaus-Heinz/der auch Musik macht/four are my brother's/zwo halbe and two others.

My travel ist ameriquer/upon a boat kreuz über's Meer/from West to Ost we have lost/a kind of family in the ocean, on the way to Germany.

Klein-Äntia kann in Köln kein Germany/because she was a

Kind of »california-dreaming«:/Wasserbubbels, goodygumdrops, push me please push me./Power to the hippies and flower to the Frühling.
Push me push me, I get on my feet/Push me push me, pulse my Beat.
Hascheleßde ist mein Kinderkuchenrezept/wobei mir heute Schokolade viel besser schmeckt.
Viele Mütter, viele Väter/Energation über'n Äther/freie Liebe, I'm so free/feel the beat of the »big Family«.
Many pictures in meinem Gehirn/wie lös ich den Knoten after my Stirn?

Wie lebt man als Tochter von einem berühmten Mann? Jedenfalls bin ich auch eine vom »Geiger-Anhang«. Wir sind ein Clan mit lebhafter Geschichte. Wobei ich hier anmerken möchte, daß meistens die Frauen und besonders meine Mutter den Kern des Clans gestaltet haben, also der innere Antrieb und »Motor« waren, und Klaus eher den ideellen Wert dieser Großfamilie nach außen repräsentierte. Ein Vater für viele.

Als ich 1965 in Köln-Deutz, mit Hilfe von Frau Otto, einer gemütlichen kölschen Hebamme, geboren wurde, da sah unsere Family noch sehr klein und gepflegt aus. Klaus trug Anzug und Krawatte, kurzes glattes Haar und war ein etwas verrückter, aber sehr smarter Musikstudent. Immer zum Herumalbern aufgelegt. Dann verlagerte es erst ihn, dann den Anhang – als nämlich mein Bruder Markus endlich kam (1967) – nach Amerika. Wo dann in San Diego, Kalifornien, der dritte der Geschwister, Oliver, geboren wurde.

Ich erinnere mich: Wir spielen auf einer großen Wiese vor wichtigen Gebäuden, wo Daddy und Mutti abwechselnd hineingehen, um schlauer zu werden. Vati ist unheimlich viel beschäftigt. Wenn er zuhause am Schreibtisch sitzt, dürfen wir ihn nicht stören. Er komponiert nämlich, und er hat ziemlich ernste Falten auf der Stirn. Christl zeigt mir, wie man Geige spielt. Die kleine Geige im Kasten unterm Arm, laufe ich draußen spazieren, wie Klaus und Christl. Die Geigerfamilie.

Vor unserer Siedlung liegen, in Sandhöhlen und direkt am Weg, giftige große Klapperschlangen faul in der Sonne herum. Wir müssen Stiefel tragen deshalb. Eine Frau wird von einem Krankenwagen morgens abgeholt. Sie ist von einer Schlange gebissen worden. Nicht weit von uns wohnt ein Harfenist, ein guter Freund. Neben uns wohnt meine Freundin Sarah, die mir ein »Golden Songbook« schenkt (das hab' ich heute noch). Christl hat viel mit uns daraus gesungen.

Ich erinnere mich an »Honig-Blumen« bei uns im Garten, die ich immer ausgesaugt habe, wie eine Biene. An Disneyland, an Geschmack und Geruch von quietsch-grünem Pfefferminzeis, an sehr bunte Kindergeburtstage, Picknicks mit Freunden, an Blumen, große und stark duftende. An Santa Clause, mit weißem Kleid, goldenem Hut und geringeltem Stab, an X-mas – sehr kitschig und glitzerig – mit Rentierschlitten und Jinglebells, an Halloween und Kürbisköpfe, die gruselige Fratzen hatten und mit einer Kerze erleuchtet überall vor den Eingängen der Häuser standen. An lange gerade Straßen, an ein Indianerritual, an riesige Bäume, wo ganze Wohnungen drin waren, an Klausi am Steuer vom Opel-Kadett, kochende Geysire, Wüste mit Salzseen, Grizzlybears, die an unserem Auto herumspielten, während wir drinsaßen, und an den California-Beach. Klaus hat immer Wellenreiten gemacht, und ich fand das so stark, daß ich es unbedingt auch lernen wollte. Also schmiß ich mich in die erste Welle und wär' fast abgesoffen. Seitdem hatte ich Angst vor jeder winzigen Welle, und immer wenn Klaus oder Christl mich ins Wasser mitnahmen, schrie ich wie am Spieß. Der erste Kontakt mit »Hippies«, wir gingen in eine Wohnung, Freunde

besuchen: Viele Leute, bunte Menschen, Künstler. Ich erinnere mich an eine Performance von Pauline Oliveros, einer Komponistin. Sie fuhr, an einem Seil hängend, hoch oben an der Decke entlang, durch eine große Halle.
Wir fuhren zurück nach Europa, auf einem französischen Kreuzer: Salon, großes Restaurant, ein kleines Spielzimmer und enge gelb-weiße Schlafkabinen.
Tabernakel! Ein unwahrscheinlicher Wendepunkt in unserem bisherigen Leben. Ein schwieriges Kapitel wohl für alle, weil großes Durcheinander herrschte. Ein Umbruch oder Aufbruch. Für mich als Kind hieß das: Ich konnte kaum Deutsch, redete ein zweisprachiges Durcheinander. Christl und Klaus waren jetzt »anders« zusammen, Klaus hatte andere Frauen und nicht mehr so viel Zeit für uns. Knobelbecher, schwarze große Bundeswehrstiefel, stampften in weitausholenden Schritten und mehrfach an mir vorbei. Energisch, aggressiv und viel zu schnell für mich. Alle hatten sie Knobelbecher an. Ich hatte viele Mütter und viele Väter. Und Klaus war jetzt »Klaus« und eben nicht mehr »Vati« oder »Daddy«. Wir hatten eine Teestube im Keller mit bunten Wänden. Ich tanzte dort durch den Raum und stellte mir vor, ich wäre eine Primaballerina. Als ich merkte, daß mir jemand zusah, schämte ich mich so, daß ich mich hinter einer Säule versteckte. Klaus fuhr weg und blieb dort ziemlich lange. Zwei Jahre. Er saß da im Knast für einige Monate. Irgendein Erwachsener erzählte mir damals, er würde Löcher in die Erde graben und darein bumsen, dann würden da Menschen rauswachsen. Es war ziemlich verrückt. Und wäre Christl nicht gewesen, die mit uns im kleinen Weihnachten, Geburtstage und Ostereiersuchen gefeiert und noch ein bißchen »normales« Familienleben geführt hat, uns also auch etwas aus der ganz-verdrehten Welt herausnahm, dann wären wir auch verrückt.
Jeder liebte mit jedem. Eigentum gab es nicht. Auch nicht im

Zwischenmenschlichen. Zusammenleben als Performance. Weil diese Art Leben neu war. Und auffällig. Anstößig sogar. Künstler oder »Erfinder« zu sein, um festgefressene Regeln und Traditionen aufzubrechen. Freiheit – was ist das? Alles wieder wie ein Kind anzusehen, mit Drogen andere Sinneserfahrung zu haben, vielleicht intensiver. Das Sprengen von »Unfreiem«. Die Kinder wurden zu Erwachsenen und diese zu Kindern. Wir begleiteten sie, wenn sie auf LSD waren und wie Rumpelstilzchen in der Gegend rumhüpften oder stundenlang darauf warteten, bis ein Grashalm seine grüne Story »erzählte«. Nackt im Gewitterregen herumtanzen. Im Park große Musiksessions machen. Im großen, bunten Bus fahren. Die anderen Kinder der Kommune waren unsere »Geschwister«. Krätze-Läuse. Die Nachbarskinder dürfen nicht mit uns spielen. Ihre Eltern haben es verboten. Sie schmeißen mit Steinen und kippen Wassereimer von oben auf uns herunter. Ich rede viel mit Erwachsenen. »Altkluges Kind«. Wir Kinder sitzen mit im Kreis. Es wird meditiert. Alle singen ein vibrierendes »OM«, das kitzelt im Bauch. Als die Bullen wieder mal kommen, Razzia oder Jugendamt, stellen sich alle in eine Reihe und vibrieren so stark das OM, daß die Bullen vor lauter Kitzeln im Bauch einen Schrecken bekommen und weglaufen.
Ich habe viele Gesichter erlebt. Viele Drogen(-kranke). Ich selbst habe als Kind einmal Haschischkuchen gefuttert und bin derart auf den Horror gekommen, daß ich heute noch daran zu knacken habe und das Zeug nicht wieder angerührt habe. Klaus war jedenfalls ab Tabernakel offiziell und deutlich mit einer anderen »Zuwendungsform« beschäftigt. Er war nicht mehr der nahe Vater für mich. Mein persönlicher Papa war weg! Er kämpfte, suchte, forderte und tanzte schimpfend mit Geige in seinen Knobelbechern auf der Straße herum. Er wollte Anarchie und Freiheit. Um jeden Preis? Wenn man sich von allem trennt, was beherrscht,

was an einem klebt, kann das dann nicht auch eine sehr rücksichtslose Sache sein? Gegen Beziehungen, die zusammenhängen, wo es klare Regeln gibt, Rituale, Gefühle der Nähe ...

Mir erschien dieser »Befreiungsakt« und dieses Herumgetrete mit den Knobelbechern wie ein Kaputtrampeln der zierlichen, schüchternen, kleinen und unauffälligen Persönlichkeiten und Zweisamkeiten. Klaus wurde durch seine Wut, die er lebte und mit aller Frechheit heraussang, mit dem Drang eines forschenden experimentellen Philosophen, allmählich bekannt in Köln. Er bekam einen Namen und wurde Vorbild für viele, die gleiche und ähnliche Wut hatten. Sie kamen zu ihm, erzählten ihre Geschichte, beklagten sich über Ungerechtigkeiten. Er sang, was nicht in den Zeitungen stand, aber trotzdem das Volk betraf. Ein Vater für viele. Für Kids auf der Straße, für Penner, für Knackies, Verrückte, Orientierungslose, politisch Unterdrückte, arme Socken und für angehende Straßenmusikerlein. Bewundert von Teenies – Groupies standen bei uns Schlange –, Lehrern, Studenten, Omas und Opas, vom kleinen Mann, von Müllers Kuh. Gehaßt als »das größte Arschloch Kölns«, Ignorant und Herzensbrecher, als Störfaktor vieler Geschäftsleute. Ein egozentrischer Mensch aus »Berufung«, berühmt-berüchtigt und von seiner Position überzeugt. Wäre er das nicht, wäre er nicht, wo er ist.

Und die eigenen Kinder fragten sich: Warum hat der Mann fünf Kinder in die Welt gesetzt, wenn er doch 100.000 um sich hat, mit denen er beschäftigt ist? Da sitzt mir dann ein Klausi gegenüber, der oft vor lauter Wald den einzelnen Baum nicht mehr sehen kann, mit seiner Aufgabe als »Geiger« so verwachsen ist, daß er die Funktion als Privat-Klaus und -Papa nicht recht anzugehen weiß. Manchmal »packt« es ihn, und dann überkommt ihn ein »Sehnen nach Family«. Dann tobt er – früher mit uns und jetzt mit seinen Enkelchen

– herum. Darin ist er einsame Spitze. Er macht die besten Fratzen und kann auch am tiefsten von uns allen in dieser weitervererbbaren Knollennase bohren.
Ich habe ihn aber auch mit Magengeschwüren und ganz schwach und traurig erlebt. Kummerbesoffen auf der Küchenbank zusammengesackt, mit Alpträumen und Ischias. Wo ich dann immer mal gedacht hab: Mensch, Klaus, du lebst soviel »raus« und so einseitig, daß für dich selbst da drinnen kaum noch was übrigbleibt. Vielleicht versteckt sich der kleine Klaus vorm großen Klaus dem Geiger. Jedenfalls war es oft schwer, Anerkennung oder Zuwendung von ihm zu bekommen, und als Tochter fand oder finde ich das oft ziemlich verletzend. Es gab Zeiten, da hätte ich das gebraucht. Ich fing zu allem ein eifersüchtiges Verhältnis an, das mir Klaus als persönlichen Papa, der sich mit meiner Entwicklung auseinandersetzt, wegnahm. Beispielsweise die Karriere als solche, insbesondere mit der Geige. Zu diesem Instrument habe ich eine Haß-Liebe. Ich spiele sie, habe

1. Mai im »Tanzbrunnen« (1993)

sogar ein Jazzviolin-Studium angefangen, aber auch wieder abgebrochen. Ich spiele sie mit Sucht, mit Eifersucht, mit Neid, unsicher im Schatten zweier Meistergeiger (meinen Eltern) und dem Anspruch, so gut zu sein wie sie. Ich texte, singe, aber alles mit einem gewissen Druck im Nacken, meinem Anspruch nicht gerecht werden zu können. Ich will weg und klebe fest – in meiner Entwicklung als Musikerin.
Hinderlich ist dabei natürlich auch: Ich bin ein Kind der Gemeinschaft und muß mich entsprechend verhalten. Es könnte sich jemand auf den Schlips getreten fühlen, falls eigene Wünsche, Träume und Andersartigkeiten auftreten. Ein Clan hat geballte Kraft, die auch Leiden schafft. Das kann eine sehr klebrige Angelegenheit werden.
Unser Tochter-Vater-Verhältnis ist eine intensive Sache. Das merke ich etwa immer dann, wenn Klaus mich mit »Töchting« anspricht oder mich als seine Tochter dem Publikum vorstellt – mit einer Mischung aus schlechtem Gewissen, weil er weiß, daß das für mich komisch ist, aber auch Verlegenheit, Vaterstolz und dem unausgesprochenen »Bist du nicht stolz, den berühmtesten Mann Kölns als Papa zu haben?« Ja, ich bin stolz. Das ist sehr hinderlich. Ich bleibe stehn und bewundere meine Eltern. »Die Tochter von ...« – das ist das Schild, das die Kinder vom Klaus um den Hals tragen.
Doch es gibt eine Situation, da zeigt Klaus ein anderes Gesicht: Urlaub und Natur. Mein Pappa als Trappa. Da wird er ein Teil der Natur, wird Druide, Waldschrat oder wandernder Baum. Das haben meine Eltern gemeinsam, mit der Natur einig zu werden, Pilze, Kräuter und Musik in der Landschaft zu finden. Wir haben dadurch auch als Stadtkinder einen schönen Zugang zur Natur gefunden. Der liebevolle und auch poetische Umgang mit Bäumen, Sternen, Kräutern und Tieren, das Wissen darüber und die Fähigkeit, in der Natur ein weites Herz zu kriegen und alle Sinne aufzumachen; in den Himmel, den Wald oder das Meer hinein-

zumeditieren. So waren unsere Urlaube. Klaus zeigte mir, was man als echter Trapper alles dabeihaben muß: Taschenmesser, Schnur, Feuer, Sicherheitsnadeln, und wie man ein echtes Indianerfeuer macht, das man von weitem nicht sieht, und wie man Quellwasser testet. Das Indianerspielen entwickelte sich zur Tradition. In unseren Urlauben schlichen wir uns mit Pfeilen (vorne mit Gras gepolstert) und Bögen und mit Tannenzapfen bewaffnet durch den Wald, aufgeteilt in zwei Mannschaften, die gegeneinander kämpften. Wer von einem Tannenzapfen getroffen war, mußte ausscheiden (hat natürlich nie funktioniert). Klaus hieß »Häuptling kreischender Geier vom Stamm der Rippchen« und der andere Häuptling hieß »Rollender Furz vom Stamm der Hosenscheißer«. So entstanden im Laufe der Zeit doch einige Clan-Rituale, die keiner von uns missen möchte.
Weihnachten ist bei uns tatsächlich der Höhepunkt im Jahr. Auch Silvester kommen viele von außerhalb, die man teils ein Jahr vorher, selbiger Zeitpunkt und Ort, und danach nicht mehr gesehen hat. Beide Anlässe sind ziemlich spezielle Feste, mit viel selbstgemachter Musik und acht bis zehn Geigern im Alter zwischen 5 und 58.
Insgesamt hab ich auch kostbare und notwendige Dinge von Klaus gelernt. Manchmal zwar auf Umwegen, da habe ich mir mein Teilchen einfach abgeholt, ganz dreist, aber immerhin. Auf daß sie 200 Jahre alt werden, meine Oldies, und der Klaus noch seinen Weg nach Tibet findet und eine Weltreise macht.«

Soweit Antje.
Liebe ist schwer, Familie dito – ein uraltes Lied, immer wieder schmerzhaft. Aber vor einiger Zeit habe ich eine faszinierende Entdeckung gemacht. Als Geigenlehrer bringe ich drei Jugendlichen das Geigespielen bei, hauptsächlich klassisch. Im Verlaufe des Unterrichts macht der Schüler normalerweise jede Menge »Fehler«, und mein Job ist es, ihm die

auszutreiben. Also stoppe ich ihn, erkläre den Fehler und wie richtig gespielt wird. Das üben wir dann, bis er es einigermaßen kann. Jetzt spielt er die ganze Phrase noch mal und macht prompt an der kritischen Stelle wieder den alten Fehler. Also wird erneut geübt, wie's richtig geht, dann wiederholt er die ganze Phrase, vermeidet krampfhaft den Fehler, macht aber drei neue. So ging das eines Tages eine ganze Weile und wir beide, Lehrer wie Schüler, litten schwer dabei, jeder auf seine Art. Bis mir plötzlich die Erleuchtung kam, und die hieß: Fehlererkennung. Nicht meine, sondern seine, d. h. es nutzte ihm nichts, wenn *ich* es war, der seine Fehler erkannte; er mußte sie selbst erkennen. Je genauer, desto besser. Also übten wir – den Fehler. Liefen immer wieder mit größter Wonne auf ihn auf und untersuchten dabei gemeinsam seine Art und Ursache, bis der Schüler sie kannte und erkannte, und damit war der Fehler gegessen. Die Phrase lief plötzlich glatt durch, als hätte es den Fehler nie gegeben.
Ob diese Erkenntnis übertragbar ist? Vielleicht sind es die unterschiedlichen Sichtweisen, die das Problem ausmachen. Im angeführten Fall wollte ich meinem Schüler etwas beibringen, und er wollte etwas lernen; das waren die Rollen und damit die entsprechenden Sichtweisen. Erst, als ich etwas lernen wollte (nämlich über ihn) und er mir etwas beibringen (nämlich über sich), also beim kompletten Rollentausch, klappte die Chose.
Ich habe viele Sichtweisen in meinem Leben eingenommen. Sichtweisen haben es an sich, daß sie nicht von alleine weggehen. Da muß etwas passieren, manchmal Erhebliches. Das ist auch passiert, in meinem Fall. Meistens eine Auseinandersetzung – bescheiden formuliert. Mit der Obrigkeit, mit der Frau, mit der Familie, mit mir selbst. Über die Liebe etwa, die Treue, die Zuständigkeiten, den Marktwert, die Macht, die Unabhängigkeit, die Freiheit, den Wert an sich. Obwohl das Leben bestimmt nicht bequemer dadurch wird, bereue

ich es nicht, selbst viele Sichtweisen zu kennen und erfahren zu haben. Denn was die damit verbundenen notwendigen Auseinandersetzungen anbetrifft, so werden sie durch die Kenntnis unterschiedlicher Sichtweisen fruchtbarer, als wenn man darin wenig Erfahrung hat oder einfach dicht ist, zu nichts anderem fähig als »Andernfalls – Prozeß am Hals«. Oder Funkstille. Oder Krieg.

Auch bei den Proben von »Fabi's Family Band« – bestehend aus Familienmitgliedern aller Generationen plus zwei Gästen – ging's in Hinsicht auf Auseinandersetzungen hoch her. Letztere sind ja nun mal besonders hart, wenn sie sich innerhalb der eigenen Familie abspielen, denn man kennt sich gegenseitig schon ein Leben lang, besonders die jeweiligen »Fehler«; und in meinem Fall hatten einige meiner Lieben die Befürchtung, von mir untergebuttert zu werden. Beim ersten Stück gab's noch keine Diskussion; eine meiner früheren Kompositionen wurde nach dem Motto »Altes Thema, neu gestellt« behandelt, alles war in Noten festgelegt, das Stück wurde abgelesen. Beim zweiten Stück, betitelt »die Kleine Nachtmusik« – 20 Takte Mozart, die jeder kennt, von uns gecovert, dazwischen ein passender Groove mit Musik aus der Session-Kiste –, ging's dann aber heftig los: Wie soll der Groove aussehen? Kann jeder darauf eingehen? Was ist mit denen, die Probleme damit haben? Wie wird keine(r) im Regen stehen gelassen? Wie kommt jede und jeder optimal zur Geltung? Es war wirklich stressig, konnte schließlich aber einigermaßen geregelt werden.

Der ganze Abend sollte übrigens unter dem Motto stehen »Von der Komposition zur Improvisation«, deshalb war das letzte Stück mit dem Titel »Improvisation auf atmosphärische und instrumentale Vorgaben« das wichtigste für uns. Dieses Stück sollte frei sein, frei von Regeln und Planungen, jeder sollte spielen können, was er oder sie für richtig hielt. So etwas kann man nicht proben, sondern nur besprechen.

Also mußte im Gespräch geklärt werden, auf was man sich gemeinsam überhaupt bezieht. Natürlich auf die Atmosphäre – das Konzert würde in einer kleinen, aber hohen ehemaligen Kirche bzw. Kapelle stattfinden – und auf die Mitspieler, das war bereits vorgegeben. Aber wer reagiert und reflektiert im Verlauf dieser Musik, und wer agiert und initiiert die Klangereignisse? Und warum? Und wann? Bei diesen Fragen wurden die Auseinandersetzungen härter, es gab hundert Vorschläge und tausend Sichtweisen, und eine akzeptable Vereinbarung schien in weite Ferne zu rücken. Wir schoben Frust. Denn wir wußten, was ohne eine Einigung dabei rauskommen würde: ein formloser und langweiliger Klangbrei. Den wollte aber keiner, wir alle wollten ein Konzert machen, also für die Zuhörer spielen und nicht nur für uns. Es sollte möglichst interessant und verständlich für alle sein. Also einigten wir uns darauf, die Unterschiedlichkeit der Sichtweisen zu akzeptieren, uns aber im Verlauf des Musizierens um eine gemeinsame Sichtweise zu bemühen oder wenigstens nach ihr Ausschau zu halten. Wie diese dann aussähe, würden wir erst am nächsten Abend erfahren, wenn das Konzert stattfand.

Und das Konzert wurde großartig. Es war ausdrucksstark, vielschichtig, interessant, zauberhaft und außerdem proppenvoll. Die Zuhörer waren begeistert. Aber das brachte mir dann eine neue Auseinandersetzung ein. Von diesem Konzert wurde nämlich eine sehr gute Tonaufnahme gemacht, und ich spielte mit dem Gedanken, diese Aufnahme im Studio zu bearbeiten und zu einer CD zu machen. Wobei ich besonders bei den Improvisationspassagen starke Eingriffe vornehmen wollte, indem ich beispielsweise die »langweiligen« Passagen rausschneiden bzw. sie unterfüttern und zu einer CD-akzeptablen Form entwickeln wollte. Mein Sohn Markus war strikt dagegen.

»Das kannst du nicht machen!« sagte er.

»Warum nicht?« fragte ich.
»Weil das dann nicht mehr unsere gemeinsame Sache wäre, sondern deine, und damit hättest du den eigentlichen Sinn dieses Konzerts verraten.«
»Aber das Konzert ist doch gelaufen, das nimmt uns doch keiner mehr weg! Und die CD wäre doch eine ganz andere Sache!«
»Aber du benutzt das Konzert dafür und damit uns, und außerdem kannst du die langweiligen Stellen nicht rausschneiden, weil sie die Voraussetzung waren für die interessanten Stellen. Du würdest also eine Musik produzieren, die es in Wirklichkeit gar nicht geben kann.«
»Aber es wäre ja auch eine CD und kein Live-Konzert. Heutzutage wird doch nur noch so produziert.«
»Ja, das ist ja gerade das Schlimme; dadurch geht die Live-Musik kaputt, das sagst du ja selbst. Und jetzt fängst du mit demselben Käse an ...«
Au wei, dachte ich. Hat er etwa recht? Hoffentlich nicht.

Veröffentlichungen

1964 »Über Musikerziehung und gegen die Philister« (Pamphlet)
1967 »Altes Thema, neu gestellt« (Reaktionen auf ein mittelalterliches spanisches Marienlied. Trio-Fassung. Später für Solo-Violine und Streichorchester.)
1968 »Oratorium meum pluspraeperturi« (Buffalo, N.Y., Eigenverlag)
1969 »Our beloved Symphony-Orchestras« (San Diego, Aufsatz über eine gleichwürdige und gleichwertige Orchestergemeinschaft mit aufführungspraktischen Planspielen.)
1970 »Streichquartett für 6« (San Diego. Von diesem Stück existiert eine WDR-Aufnahme.)
1970 »Sound Communication and Energy Transmission« (San Diego, Planspiele für Musiker, basierend auf Living-Theatre-Techniken.)
1970 »Limelight« (San Diego, Auftrags-Komposition für Bert Turetzky, Kontrabaß.)
1971 »Realities« (San Diego, Fortsetzung von »Sound Communication and Energy Transmission« und Erweiterung in den Fluxus-Bereich. Verschollen.)
1973 »Wir sagen Ja zum SSK« (Köln, Maxi-Single)
1975 »Arbeit macht frei« (Bluff-Records; Studio-Aufnahme, 2 Tage in Studio '88, München, rockmusikmäßig. Mit Peter Trunk, Baß; Richard Palmer, Gitarre; Curti Cress, Schlagzeug; Andy Marx, Banjo)
1978 »Klaus und Toni« (Trikont; Live-Aufnahme aus der B-Ebene der Fußgängerzone in Frankfurt/M.; mit Hans-Jürgen Schmitz, Akkordeon)
1982 »Ab dafür« (Trikont; Life-Aufnahme aus der Fußgängerzone St. Gallen/Schweiz sowie einigen Tournee-Konzerten aus dieser Zeit. Mit: Christl-Renate v. Wrochem-

Wüstenbecker, Violine; Kurt Diepenthal, Saxophon; Jürgen Pokall, Gitarre; Hans-Jürgen Schmitz, Akkordeon)
1986 »Mutter Erde« (Trikont; Studio-Aufnahme, während einer Tournee durch Bayern aufgenommen. Mit Michael Rheinländer, Akkordeon; Rita Lysberg, Querflöte; Ricky Chatelain, Schlagzeug; Antje v. Wrochem, Gitarre und Percussion; Markus v. Wrochem, Tenor-Sax; Kurt Diepenthal, Alt-Sax; Paul Broisch, Gitarre und Dicke Trumm; Bijan Majoub, Flöte, Bombarde, Mandoline; Frank Theilen, Percussion; Hartmut Kühn, Baß)
1994 »Klaus der Geiger und die Kölner Straßenmusiker« (Made in Cologne, Studio-Aufnahme, mit Johnny Robels, Gitarre, Harfe; Bijan Frank, Flöten, Taragato; Markus v. Wrochem, Tenor-Sax, Maultrommel; Uwe Vogel, Bass, Sitar)
1996 Live-Mitschnitte 1975 bis 1995 (Made in Cologne)

Liederbücher
1972 »Alle Macht dem Volke«, Trend-Verlag, Köln
1978 »Herstatt-Blues«, Verlag Gaeme-Henke, Köln (verschollen)
- 1980 »Der Tag wird kommen«, Volksblatt-Verlag, Köln
1984 »Du, Krone der Schöpfung«, Druck-Betrieb, Köln

Bildnachweis

Archiv K. v. Wrochem 48, 71, 98, 121, 129, 145
Karin Dettloff 37
Christel Plöthner 158, 184
Michael Wand 160
Manfred Wegener 112